难倒大人的科学题

武瑛娟　主编

天津出版传媒集团

天津科学技术出版社

图书在版编目（CIP）数据

难倒大人的科学题 / 武瑛娟主编. —天津：天津科学技术出版社，2012.5（2021.6重印）
（学习小博士）
ISBN 978-7-5308-6961-1

Ⅰ.①难… Ⅱ.①武… Ⅲ.①科学知识—青年读物
②科学知识—少年读物 Ⅳ.①Z228.2
中国版本图书馆CIP数据核字（2012）第085439号

学习小博士——难倒大人的科学题
XUEXI XIAO BOSHI —— NANDAO DAREN DE KEXUETI

责任编辑：王　璐
责任印制：刘　彤

出　　版：	天津出版传媒集团 天津科学技术出版社
地　　址：	天津市西康路35号
邮　　编：	300051
电　　话：	（022）23332399
网　　址：	www.tjkjcbs.com.cn
发　　行：	新华书店经销
印　　刷：	永清县晔盛亚胶印有限公司

开本 690×940　1/16　印张 15　字数 300 000
2021年6月第1版第3次印刷
定价：45.00元

前　言

不要遗忘大脑的基础——科学思维训练

　　这是一个社会发展迅速的快节奏时代，同时也是一个大脑飞速运转的科技时代。每个人都努力地使自己能够跟上时代发展的脚步，因而每天埋首于处理不完的工作中，殚精竭虑。已经渐渐遗忘了思维乐趣的你，是不是有一天突然发现自己的大脑越转越慢了呢？

　　如果你已经感觉到自己的思维在慢慢僵化，头脑也在不断退步，那么一定不要忽视这些一点一滴的变化。俗话说："大脑越用越灵。"只有不断地使用大脑、训练大脑，人们才能够保持思维的活力，开发出更多的脑力潜能。

　　人的大脑大约由1000亿个细胞所构成，这个数目不但令人惊讶，它还足以告诉我们，人脑的潜在能力绝对是很惊人的，它能超过世界上最先进的电脑。然而，有很多科学家却认为大多数人的大脑潜力仅仅只有3%～5%的部分得到了开发利用，即使被认为是最聪明的爱因斯坦，其开发利用率也不超过10%，也就是说人类的大脑潜能有90%以上处于未开发的闲置状态。那么，怎样才能训练思维，最大限度地开发大脑潜能呢？

　　有学者发现，科研人员的思维方式有别于其他人，他们在思考问题的方式和角度上有很大不同。这是因为在长期的科学研究中，他们早已形成了非常敏锐的观察力和感知能力，而且富于好奇心和求知欲，他们善于探索、善于想象，善于寻找或创造出解决问题的好方法。

因此，本书收集了当今小学知识体系中最为基础而又富含奥妙的500道科学思维训练题，囊括了动物植物、天文地理、人文自然、科学发明等各个方面。这些题目虽然全部出自小学的知识范围，涉及的知识面却非常广泛，所以千万不要小看它们，它们可是曾经难倒过许多"大人"的独特训练题！这些训练题可以帮你重新认识科学、了解科学，培养你的好奇心、求知欲，提升你的观察力、想象力，增强你的感知能力、探索能力和解决问题的能力。

　　如果你想要锻炼你的大脑，或是唤醒你快要沉睡的思维，那么快来挑战这些"难倒大人的小学题"吧！

编者

2012年1月

目　录

第一章　人体难题

1. 人体的消化器官 …………… 2
2. 味觉 ………………………… 2
3. 不同的肤色 ………………… 2
4. 人的基本需求 ……………… 2
5. 声音的由来 ………………… 2
6. 咳嗽的作用 ………………… 3
7. 色盲 ………………………… 3
8. 头发的表面 ………………… 3
9. 长高的秘密 ………………… 3
10. 眼睛的清洁 ………………… 3
11. 人体最大器官 ……………… 4
12. 唾液的作用 ………………… 4
13. 对眼睛好的颜色 …………… 4
14. 打呵欠的缘由 ……………… 4
15. 人的正常体温 ……………… 5
16. 空气第一关口 ……………… 5
17. 最敏感的部位 ……………… 5
18. 生命的象征 ………………… 5
19. 切牙 ………………………… 6
20. 最坚硬的骨骼 ……………… 6
21. 睡眠的作用 ………………… 6
22. 发烧是坏事吗 ……………… 6
23. 植物人 ……………………… 6
24. 艾滋病 ……………………… 7
25. 最重要的器官 ……………… 7
26. 人体的发育 ………………… 7
27. 人体的肌肉数量 …………… 7
28. 控制平衡力 ………………… 8
29. 最小的骨骼 ………………… 8
30. 最长的器官 ………………… 8
31. 汗腺最多的地方 …………… 8
32. 牙齿和骨骼 ………………… 9
33. 每分钟心跳次数 …………… 9
34. 瞳孔与强光 ………………… 9
35. 人的心脏大小 ……………… 9
36. 成人骨头数量 ……………… 10
37. 最灵活的关节 ……………… 10
38. 最大关节 …………………… 10
39. 人体血液总量 ……………… 10
40. 颅神经 ……………………… 10
41. 染色体数目 ………………… 11
42. 脑垂体的分泌 ……………… 11
43. 男女声带对比 ……………… 11
44. 胃的容积 …………………… 11

45. 红细胞的更新 …………… 12	11. 冰箱"冬眠" ……………… 30
46. 嗅觉感受器 ……………… 12	12. 点灯看电视 ……………… 30
47. 年龄和嗅觉 ……………… 12	13. 纸杯烧水 ………………… 30
48. 平衡感受器 ……………… 12	14. 扇子扇风 ………………… 30
49. 最高噪音 ………………… 13	15. 铁为什么会粘手 ………… 31
50. 心率对比 ………………… 13	16. 北半球的秋分 …………… 31
51. 人体的对称 ……………… 13	17. 体温计 …………………… 31
52. 人的气味 ………………… 13	18. 玻璃上滑冰 ……………… 31
53. 运动后饮水 ……………… 14	19. 全球定位系统 …………… 32
54. 出汗的作用 ……………… 14	20. 放大镜 …………………… 32
55. 人的耳朵 ………………… 14	21. 铅笔芯变钻石 …………… 32
56. 眉毛的长度 ……………… 14	22. 固定飞机零件 …………… 32
57. 剪指甲不痛 ……………… 15	23. 又臭又硬的石头 ………… 32
58. 吃鱼变聪明 ……………… 15	24. 信息高速公路 …………… 32
59. 受冻后的嘴唇 …………… 15	25. 坦克帽的用途 …………… 33
60. 人脑的潜力 ……………… 15	26. 水雷的威力 ……………… 33
答案部分： ………………… 16	27. 飞机隐形的秘密 ………… 33
	28. 七巧板的制成 …………… 33
	29. 万能机器人 ……………… 33

第二章　科学难题

	30. 陶瓷的用途 ……………… 34
	31. 人体可以导电 …………… 34
1. 风向记录 ………………… 28	32. 皮球的弹力 ……………… 34
2. 磁悬浮列车 ……………… 28	33. 圆形的车轮 ……………… 34
3. 客机上能跳伞吗？………… 28	34. 轨道下的枕木 …………… 34
4. 广播的传送 ……………… 28	35. 鸟儿和飞机 ……………… 35
5. 刷成白色的树干 ………… 28	36. 轮船抛锚 ………………… 35
6. 气垫船的工作原理 ……… 29	37. 消防衣的材质 …………… 35
7. 传真机的工作原理 ……… 29	38. 下雪和晴雪 ……………… 35
8. 冰冻汽水和普通汽水 …… 29	39. 自然分解 ………………… 35
9. 硬水和软水 ……………… 29	40. 地震 ……………………… 36
10. 无影灯 …………………… 29	41. 电闪雷鸣的作用 ………… 36

42. 烫发师的秘密武器 ………… 36
43. 秘密墨水 …………………… 36
44. 饮酒与否测试卡 …………… 37
45. 气象观测网 ………………… 37
46. 奇怪的影子 ………………… 37
47. 人造仙境的制造者 ………… 37
48. 铁轮船的秘密 ……………… 38
49. 车灯玻璃 …………………… 38
50. 液罐车 ……………………… 38
51. 电脑病毒 …………………… 38
52. 断电的时钟 ………………… 38
53. 蓝牙技术 …………………… 39
54. 微波炉原理 ………………… 39
55. 埃及金字塔 ………………… 39
56. 钟声起伏 …………………… 39
57. 电线短路 …………………… 39
58. 电池里的电 ………………… 40
59. 太空棉 ……………………… 40
60. 纸造的房屋 ………………… 40
答案部分: ……………………… 41

第三章 人文难题

1. 水电站 ……………………… 56
2. 阿拉伯数字 ………………… 56
3. 南美洲的国家 ……………… 56
4. 烽火戏诸侯 ………………… 56
5. 国鸟 ………………………… 56
6. 花中西施 …………………… 56
7. 灵芝草 ……………………… 57
8. 养花须知 …………………… 57
9. 维生素的功效 ……………… 57
10. 五谷杂粮 ………………… 57
11. 世界之最 ………………… 57
12. 加拿大国宝 ……………… 58
13. 圆周率之父 ……………… 58
14. 早期的水泥 ……………… 58
15. 万园之园 ………………… 58
16. 印加文明 ………………… 58
17. 黑旋风 …………………… 59
18. 第一座核电站 …………… 59
19. 杂交水稻之父 …………… 59
20. 第一座长江大桥 ………… 59
21. 竹楼 ……………………… 59
22. 最大的皇家园林 ………… 59
23. 《诗经》 ………………… 60
24. 曹氏作品 ………………… 60
25. 诸葛亮 …………………… 60
26. 铁观音 …………………… 60
27. 湘绣 ……………………… 60
28. 人口最多的少数民族 …… 61
29. 傣族的节日 ……………… 61
30. 李白 ……………………… 61
31. 花甲之年 ………………… 61
32. 金婚 ……………………… 61
33. 宗教最多的国家 ………… 61
34. 白雪公主 ………………… 62
35. 七个小矮人 ……………… 62
36. 藏民的饮料 ……………… 62
37. 黄河大合唱 ……………… 62
38. 小背篓 …………………… 62

39. 秦始皇兵马俑 …… 63	5. 发现万有引力 …… 80
40. 乔家大院 …… 63	6. 地动仪的发明 …… 81
41. 美国议员任期 …… 63	7. 四大发明 …… 81
42. 神农氏 …… 63	8. 水碓磨的发明 …… 81
43. 火把节 …… 63	9. 太阳中心说 …… 81
44. 阿里巴巴和四十大盗 …… 64	10. 地球自转的证据 …… 81
45. 蒙娜丽莎 …… 64	11. 电磁效应 …… 81
46. 从百草园到三味书屋 …… 64	12. 瓦特的发明 …… 82
47. 都江堰 …… 64	13. 无线电报 …… 82
48. 狮子之城 …… 64	14. 富尔顿的发明 …… 82
49. 天线宝宝 …… 64	15. 内燃机汽车之父 …… 82
50. 长江七号 …… 65	16. 白炽灯 …… 82
51. 使用最多的文字 …… 65	17. 柴油机 …… 83
52. 唐代"鬼才" …… 65	18. 安全炸药 …… 83
53. 中国人类遗址 …… 65	19. 造纸术 …… 83
54. 皇帝之名 …… 65	20. 活字印刷术 …… 83
55. 丝绸之旅 …… 66	21. 指南针 …… 83
56. 马可波罗 …… 66	22. 针灸 …… 84
57. 古代奥运会 …… 66	23. 改良棉纺车 …… 84
58. 现代奥运会 …… 66	24. 赤道式天文仪 …… 84
59. 五环的象征 …… 66	25. 二进位制 …… 84
60. 中国奥运第一金 …… 67	26. 弓箭的发明 …… 84
答案部分： …… 68	27. 飞机的发明 …… 85
	28. 锯的发明 …… 85

第四章　发明难题

	29. 识别氮气 …… 85
	30. 元素周期表 …… 85
	31. 生物进化论 …… 85
1. 第一辆汽车 …… 80	32. 侯氏的贡献 …… 86
2. 电话问世 …… 80	33. 发明豆腐 …… 86
3. 原子弹之父 …… 80	34. 葛洪的发明 …… 86
4. 杠杆和滑轮的使用 …… 80	35. 指针式标度盘 …… 86

| 36. 赵州桥 …………………… 86
| 37. 运河船闸 ………………… 87
| 38. 古代直升机 ……………… 87
| 39. 细胞的发现 ……………… 87
| 40. X 射线 …………………… 87
| 41. 电子的发现 ……………… 87
| 42. 居里夫人 ………………… 88
| 43. 量子理论的诞生 ………… 88
| 44. 瑟福的发现 ……………… 88
| 45. 洗衣机的问世 …………… 88
| 46. 空调的发明 ……………… 88
| 47. 电冰箱的发明 …………… 89
| 48. 电视机的发明 …………… 89
| 49. 手机的发明 ……………… 89
| 50. 电脑的发明 ……………… 89
| 51. 光碟 ……………………… 89
| 52. 复印机的发明 …………… 90
| 53. 空调 ……………………… 90
| 54. 时钟的由来 ……………… 90
| 55. 最早的听诊器 …………… 90
| 56. 圆珠笔的发明 …………… 90
| 57. 爱迪生的第一项专利 …… 91
| 58. 自动武器之父 …………… 91
| 59. 风筝的由来 ……………… 91
| 60. 信用卡 …………………… 91
| 答案部分：…………………… 92

第五章　自然界难题

1. 风力等级 ………………… 104
2. 松果的预示 ……………… 104
3. 生物珠宝 ………………… 104
4. 东边日出西边雨 ………… 104
5. 露水 ……………………… 104
6. 海市蜃楼 ………………… 104
7. 梅子成熟 ………………… 105
8. 太阳下山后 ……………… 105
9. 三大火炉 ………………… 105
10. 围着火炉吃西瓜 ………… 105
11. 汽车废气 ………………… 105
12. 榨红糖 …………………… 105
13. 世界环境日 ……………… 106
14. 臭氧层 …………………… 106
15. 水的覆盖率 ……………… 106
16. 猫头鹰 …………………… 106
17. 塑料的降解 ……………… 106
18. 洪灾流行病 ……………… 107
19. 娃娃鱼 …………………… 107
20. 木耳和黄花菜 …………… 107
21. 青蛙 ……………………… 107
22. 黄花菜 …………………… 107
23. 天然环境检测仪 ………… 107
24. 蝴蝶的翅膀 ……………… 108
25. 鱼类的祖先 ……………… 108
26. 鸟类的祖先 ……………… 108
27. 最早的农作物 …………… 108
28. 地球之肺 ………………… 108
29. 地跨两洲 ………………… 108
30. 大熊猫 …………………… 109
31. 最大的食肉动物 ………… 109
32. 北极兔的颜色 …………… 109

33. 驯鹿的习性 …………… 109
34. 极地探险 ……………… 109
35. 土家族奇观 …………… 110
36. 蝉的鸣叫 ……………… 110
37. 大熊猫保护区 ………… 110
38. 最小开花植物 ………… 110
39. 太行山保护区 ………… 110
40. 长江女神 ……………… 111
41. 雌海龟卵 ……………… 111
42. 狗的散热器官 ………… 111
43. 马睡觉 ………………… 111
44. 立秋后的节气 ………… 111
45. 陆上最重 ……………… 112
46. 会飞的哺乳动物 ……… 112
47. 驼峰的用途 …………… 112
48. 沙堆中的鸡 …………… 112
49. 藏羚羊的分布 ………… 112
50. 昆虫的特征 …………… 113
51. 峨眉佛光 ……………… 113
52. 北京时间 ……………… 113
53. 屋顶上的铁瓦 ………… 113
54. 最壮观的瀑布 ………… 113
55. 火山的好处 …………… 114
56. 神秘的百慕大三角 …… 114
57. 神秘的百慕大三角 …… 114
58. 喜马拉雅山 …………… 114
59. 撒哈拉沙漠 …………… 114
60. 黄梅天 ………………… 115
答案部分： ……………… 116

第六章　植物难题

1. 植物界的白蚁 ………… 128
2. 花的寿命 ……………… 128
3. 毛竹开花 ……………… 128
4. 玉米的好朋友 ………… 128
5. 竹子死亡 ……………… 128
6. 植物界的变色龙 ……… 129
7. 植物有心脏吗 ………… 129
8. 驱赶老鼠 ……………… 129
9. 人和植物 ……………… 129
10. 植物活化石 …………… 129
11. 吃人树 ………………… 130
12. "天下唯一"的树 ……… 130
13. 常青的秘诀 …………… 130
14. 落叶朝向 ……………… 130
15. 红树林 ………………… 130
16. 行道树之王 …………… 131
17. 珙桐树 ………………… 131
18. 森林火灾隐患 ………… 131
19. 灯笼树 ………………… 131
20. 地衣的秘密 …………… 131
21. 比钢铁还硬 …………… 132
22. 有的树木没有皮 ……… 132
23. 会笑的树 ……………… 132
24. 蔬菜皇后 ……………… 132
25. 长淀粉的树 …………… 132
26. 椰子树的习性 ………… 133
27. 榕树之王 ……………… 133

28. 石油树 …………………… 133
29. 植树节 …………………… 133
30. 植树节的纪念意义 ………… 133
31. 人参果 …………………… 134
32. 梅子树 …………………… 134
33. 油橄榄 …………………… 134
34. 西瓜 ……………………… 134
35. 菠萝 ……………………… 134
36. 百年不落叶 ……………… 135
37. 最大的花 ………………… 135
38. 向日葵追太阳 …………… 135
39. 捕蝇草 …………………… 135
40. 无风自转的草 …………… 135
41. 冬虫夏草 ………………… 136
42. 碘的仓库 ………………… 136
43. 玉米的胡子 ……………… 136
44. 纷飞的毛毛 ……………… 136
45. 结番茄的树 ……………… 137
46. 果中之王 ………………… 137
47. 美人松 …………………… 137
48. 北国宝树 ………………… 137
49. 叶片上的水珠 …………… 137
50. 改变味觉 ………………… 138
51. 植物的作用 ……………… 138
52. 植物会变性 ……………… 138
53. 植物的"友情" …………… 138
54. 蚁栖树 …………………… 138
55. 植物的感觉 ……………… 139
56. 感觉最灵敏的植物 ……… 139
57. 植物发芽时机 …………… 139
58. 不怕冷的树 ……………… 139

59. 仙人掌的叶子 …………… 139
60. 植物的"血型" …………… 140
答案部分： ………………… 141

第七章　动物难题

1. 蘑菇蚁 …………………… 154
2. 杀人蚁 …………………… 154
3. 攻击人类的蚂蚁 ………… 154
4. 猿猴 ……………………… 154
5. 最大的动物 ……………… 154
6. 倒着飞的鸟 ……………… 154
7. 最长寿的动物 …………… 155
8. 蜘蛛 ……………………… 155
9. 足尖尝味道 ……………… 155
10. 会唱歌的海洋动物 ……… 155
11. 太空动物 ………………… 155
12. 鸟类滑翔原理 …………… 155
13. 百灵鸟洗澡 ……………… 156
14. 小鸟睡觉 ………………… 156
15. 鸟巢的作用 ……………… 156
16. 喜鹊的叫声 ……………… 156
17. 小杜鹃的孵化 …………… 157
18. 鸟蛋上的花纹 …………… 157
19. 啄木鸟 …………………… 157
20. 猴子的天敌 ……………… 157
21. 燕子低飞 ………………… 157
22. 丹顶鹤 …………………… 158
23. 猫头鹰的眼睛 …………… 158
24. 鸵鸟的翅膀 ……………… 158

25. 鸳鸯 …………………… 158
26. 孔雀开屏 ……………… 158
27. 海鸥追轮船 …………… 158
28. 鹦鹉学舌 ……………… 159
29. 鸿雁传书 ……………… 159
30. 昆虫走路 ……………… 159
31. 蝗虫成群活动 ………… 159
32. 蝴蝶的美丽翅膀 ……… 159
33. 飞蛾"扑火" …………… 160
34. 萤火虫发光 …………… 160
35. 不生病的苍蝇 ………… 160
36. 蝉是聋子吗？ ………… 160
37. 蜻蜓点水 ……………… 160
38. 螳螂的牺牲精神 ……… 161
39. 多脚蜈蚣 ……………… 161
40. 蚊子吸血 ……………… 161
41. 跑得最快的鸟 ………… 161
42. 象鼻子的功能 ………… 161
43. 猴子的生活习性 ……… 162
44. 美人鱼 ………………… 162
45. 麋鹿 …………………… 162
46. 斑马的条纹 …………… 162
47. 变色龙 ………………… 162
48. 老鼠啃书本 …………… 163
49. 猫会做梦 ……………… 163
50. 两栖动物 ……………… 163
51. 猪爱拱土 ……………… 163
52. 鲤鱼跃龙门 …………… 163
53. 睡觉的金鱼 …………… 164
54. 老虎的斑纹 …………… 164
55. 聪明的猿猴 …………… 164

56. 眼镜蛇 ………………… 164
57. 翱翔的老鹰 …………… 164
58. 蝌蚪变青蛙 …………… 165
59. 蚂蚁大力士 …………… 165
60. 不说话的长颈鹿 ……… 165
答案部分： ………………… 166

第八章　地理难题

1. 五岳之尊 ……………… 178
2. 面积之最 ……………… 178
3. 长江三峡 ……………… 178
4. 世界最大洋 …………… 178
5. 湖泊之最 ……………… 178
6. 少数民族最多 ………… 179
7. 中国最北部 …………… 179
8. 多孔的岩石 …………… 179
9. 地下水 ………………… 179
10. 温泉水 ………………… 179
11. 黄果树瀑布 …………… 180
12. 黄土的故乡 …………… 180
13. 沙漠 …………………… 180
14. 风蚀蘑菇 ……………… 180
15. 喜马拉雅山的形成 …… 180
16. 日月潭 ………………… 181
17. 台湾岛 ………………… 181
18. 千岛之国 ……………… 181
19. 冰岛的气温 …………… 181
20. 内流湖 ………………… 182
21. 地球的"肺叶" ………… 182

22. 降水最多地区 …… 182
23. 煤海 …… 182
24. 黄土高原特色民居 …… 182
25. 三大蚕区 …… 183
26. 第二大河 …… 183
27. 三大平原 …… 183
28. 每年地震次数 …… 183
29. 地球的厚被 …… 183
30. 地球的血液 …… 184
31. 维苏威火山 …… 184
32. 亚洲最大 …… 184
33. 亚马孙河 …… 184
34. 最大的内陆盆地 …… 184
35. 海拔最高的洲 …… 185
36. 海拔最高的河流 …… 185
37. 最深的湖 …… 185
38. 月球的体积 …… 185
39. 骑在羊背上的国家 …… 185
40. 三江源自然保护区 …… 185
41. 天池 …… 186
42. 泰姬陵 …… 186
43. 四川盆地 …… 186
44. 红海和地中海 …… 186
45. 最深的海沟 …… 186
46. 最低的湖泊 …… 187
47. 非洲最大的国家 …… 187
48. 三角形国旗 …… 187
49. 最小的国家 …… 187
50. 第一次环球航行 …… 187
51. 地球离心力 …… 188
52. 地心温度 …… 188

53. 感觉不到的自转 …… 188
54. 南极北极 …… 188
55. 最冷和最热 …… 188
56. 厄尔尼诺 …… 189
57. 气候变暖 …… 189
58. 海与洋 …… 189
59. 五彩湖 …… 189
60. 少女峰 …… 189
答案部分： …… 190

第九章　天文难题

1. 最靠近太阳的行星 …… 202
2. 温度最高的行星 …… 202
3. 最大的行星 …… 202
4. 没有卫星的行星 …… 202
5. 北斗七星 …… 202
6. 夏夜的女王 …… 202
7. 最近的恒星 …… 203
8. 天文望远镜 …… 203
9. 登上月球 …… 203
10. 雷电 …… 203
11. 南北极气温 …… 203
12. 彗星 …… 204
13. 日食 …… 204
14. 月食 …… 204
15. 月亮跟人走 …… 204
16. 阴天里的太阳 …… 204
17. 发光的太阳 …… 205
18. 卫星上的火山 …… 205

19. 恒星的颜色 ………… 205
20. 人在太空 ………… 205
21. 太空垃圾 ………… 205
22. 陨石 ………… 206
23. UFO ………… 206
24. 火箭的发明 ………… 206
25. 测量地球质量 ………… 206
26. 天文台的屋顶 ………… 206
27. 气的性质 ………… 207
28. 雪的颜色 ………… 207
29. 穿着宇航服 ………… 207
30. 载人飞船 ………… 207
31. 地球变化吗 ………… 207
32. 人造卫星发射 ………… 208
33. 天文台 ………… 208
34. 彩云追月亮 ………… 208
35. 太阳升起 ………… 208
36. 宇航之父 ………… 208
37. 发光的星星 ………… 209
38. 蓝色的天空 ………… 209
39. 看星识方向 ………… 209
40. 地球知音 ………… 209
41. 躺着自转的行星 ………… 209
42. 月球世界 ………… 210
43. 太空中的宝藏 ………… 210
44. 月亮光的由来 ………… 210
45. 海王星的秘密 ………… 210
46. 太阳观测站 ………… 210
47. 给外星人的"信" ………… 211
48. 最大的望远镜 ………… 211
49. 月球专用车 ………… 211
50. 火星探测飞船 ………… 211
51. 宇宙的由来 ………… 211
52. 光年的长度 ………… 212
53. 宇宙中的物质 ………… 212
54. 太阳黑子 ………… 212
55. 月亮的由来 ………… 212
56. 月亮的背面 ………… 212
57. 谁的一天最长 ………… 213
58. 哈雷彗星 ………… 213
59. 恒星的颜色 ………… 213
60. 最亮的星 ………… 213
答案部分: ………… 214

第一章 人体难题

进化学说认为，人类是从古猿进化而来的。因此是自然界创造了人类，而劳动创造了人类社会。人类可以说是最聪明的动物，因为世界上有那么多高科技的东西都是人创造出来的，可是对于人类本身，却永远存在难以解答的难题。

1. **人体的消化器官** ‖ 分数：2分

   食物在胃里消化之后进入（　）。

   A　大肠

   B　小肠

   C　直肠

2. **味觉** ‖ 分数：2分

   （　）是味觉的先头兵。

   A　味蕾

   B　味觉神经

   C　味觉中枢

3. **不同的肤色** ‖ 分数：2分

   人类的皮肤之所以会不同，是因为（　）。

   A　适应环境的结果

   B　自身出现差异

   C　人为迫害的结果

4. **人的基本需求** ‖ 分数：2分

   人（　）一辈子不睡觉。

   A　绝对可以

   B　绝对不行

   C　极个别的可以

5. **声音的由来** ‖ 分数：2分

   声音是靠（　）发出来的。

   A　振动

   B　颤动

   C　口腔

6. 咳嗽的作用　‖分数：2分

咳嗽有清洁和保护（　）的作用。

A 食道

B 呼吸道

C 口腔

7. 色盲　‖分数：2分

不能分辨三种基本感光色素的叫（　）。

A 红绿色盲

B 全色盲

C 绿色盲

8. 头发的表面　‖分数：2分

人的毛发表面覆盖着（　）。

A 鳞片

B 丝状物

C 没有东西

9. 长高的秘密　‖分数：2分

人长高靠的是（　）。

A 软骨

B 骨髓

C 骨头

10. 眼睛的清洁　‖分数：2分

眨动眼睛可以保持眼睛的清洁，主要是靠（　）。

A 眼泪

B 眼珠

C 眼皮

11. 人体最大器官　‖分数：2分

人体最大的器官是（　）。
A　肝脏
B　皮肤
C　脑

12. 唾液的作用　‖分数：2分

唾液可以（　）消化食物。
A　帮助
B　阻止
C　加速

13. 对眼睛好的颜色　‖分数：2分

（　）色对眼睛有好处。
A　绿
B　蓝
C　黄

14. 打呵欠的缘由　‖分数：2分

打哈欠是一种自发的生理反应，是（　）的表现。
A　缺氧
B　缺二氧化碳
C　贫血

第一章 人体难题

15. 人的正常体温 ‖ 分数：2分

人的体温在正常的情况下都是（　）℃左右。

A　36.5
B　36
C　35.5

16. 空气第一关口 ‖ 分数：2分

（　）是空气进入人体的第一道关口。

A　嘴巴
B　口腔
C　鼻子

17. 最敏感的部位 ‖ 分数：2分

（　）是人体最敏感的部位。

A　手指
B　嘴唇
C　舌头

18. 生命的象征 ‖ 分数：2分

（　）是生命的象征。

A　血小板
B　血液
C　血红蛋白

19. 切牙　　‖分数：2分

切牙，一共有（　）对，它的主要任务就是切断食物。

A　四

B　三

C　二

20. 最坚硬的骨骼　　‖分数：2分

骨骼中真正坚硬的是（　）。

A　骨皮质

B　骨髓质

C　骨骼肌

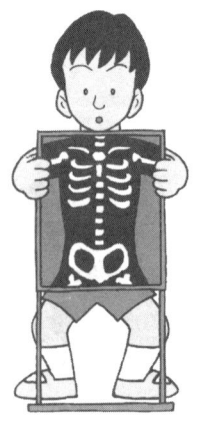

21. 睡眠的作用　　‖分数：2分

我们睡觉的时候，最重要的是（　）的放松。

A　脑干

B　大脑

C　小脑

22. 发烧是坏事吗　　‖分数：2分

发烧是坏事吗？（　）

A　是

B　不是

23. 植物人　　‖分数：2分

植物人是由于（　）受到损伤而缺氧造成的。

A　大脑

B　小脑

C　脑干

24. 艾滋病　‖分数：2分

艾滋病病毒能大量杀伤（　）细胞，使人的免疫系统全线崩溃。

A　卵

B　大脑

C　淋巴

25. 最重要的器官　‖分数：2分

人体生理上最重要的器官是（　）。

A　心脏

B　肾

C　肝

26. 人体的发育　‖分数：2分

人体的发育是从一个细胞开始的，这个细胞是（　）。

A　卵子

B　精子

C　受精卵

27. 人体的肌肉数量　‖分数：2分

人体一共有（　）多块肌肉。

A　500

B　600

C　700

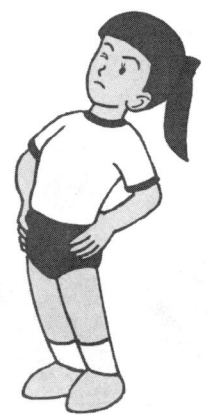

28. 控制平衡力 ‖ 分数：2分

人脑中控制人体平衡力的是（ ）。

A 大脑
B 小脑
C 左脑

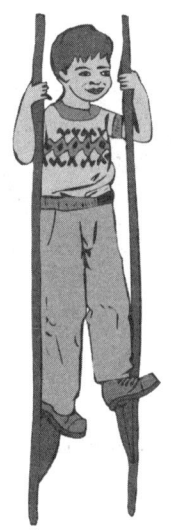

29. 最小的骨骼 ‖ 分数：2分

人身上最小的骨骼是（ ）。

A 耳膜
B 趾骨
C 镫骨

30. 最长的器官 ‖ 分数：2分

人体消化道中最长的器官是（ ）。

A 大肠
B 盲肠
C 小肠

31. 汗腺最多的地方 ‖ 分数：2分

人体汗腺分布最多的部位是（ ）。

A 脸上和背上
B 腋窝和胸前
C 手掌和脚底

32. 牙齿和骨骼　‖分数：2分

构成牙齿和骨骼的主要矿物质是（　）。

A　钙质
B　铁
C　钠

33. 每分钟心跳次数　‖分数：2分

正常情况下，人的心跳在一分钟内约跳（　）次。

A　50
B　70
C　110

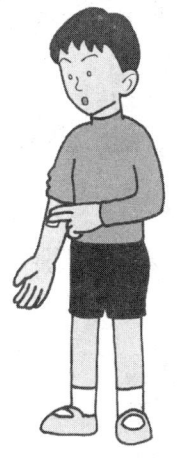

34. 瞳孔与强光　‖分数：2分

强光下，瞳孔会（　）。

A　变大
B　变小
C　不变

35. 人的心脏大小　‖分数：2分

每个人的心脏大小一样吗？（　）

A　一样
B　不一样

36. 成人骨头数量　∥分数：2分

成人身上共有（　）块骨头。

A　186
B　206
C　306

37. 最灵活的关节　∥分数：2分

在人体的关节中，最灵活、活动度最大的是（　）。

A　颈椎关节
B　腿关节
C　肩关节

38. 最大关节　∥分数：2分

人体最大的关节是（　）。

A　胯关节
B　膝关节
C　髋关节

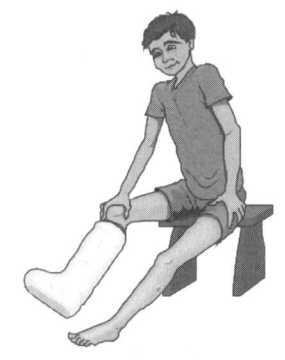

39. 人体血液总量　∥分数：2分

正常成人的血液总量约为体重的（　）。

A　4～6％
B　6～8％
C　8～10％

40. 颅神经　∥分数：2分

人体共有（　）对颅神经。

A　12
B　14
C　16

41. 染色体数目 ‖ 分数：1分

正常人体体细胞有（ ）条染色体。

 A 44
 B 46
 C 48

42. 脑垂体的分泌

脑垂体分泌的激素是（ ）。
 A 性激素
 B 生长激素
 C 成长激素

43. 男女声带对比 ‖ 分数：1分

男性的声带比女性的（ ）。
 A 长
 B 短
 C 一样长

44. 胃的容积 ‖ 分数：1分

成人的胃容积是（ ）毫升左右。
 A 2500
 B 3000
 C 3500

45. 红细胞的更新 ‖ 分数：1分

红细胞（　）天更换一次。

A　50

B　90

C　120

46. 嗅觉感受器 ‖ 分数：1分

我们的鼻子有（　）万个嗅觉感受器。

A　300

B　400

C　500

47. 年龄和嗅觉 ‖ 分数：1分

随着年龄的增长，人的嗅觉会减弱吗？（　）

A　会

B　不会

48. 平衡感受器 ‖ 分数：1分

人体内的平衡感受器很重要，当它受到了刺激，人会晕车会晕船，这个感受器位于（　）。

A　耳朵里

B 嘴巴里
C 鼻子里

49. 最高噪音　　∥分数：1分

人能忍受的最高噪声是（　）分贝。

A 80
B 120
C 140

50. 心率对比　　∥分数：1分

正常成人男性和女性谁的心率稍快？（　）

A 男性
B 女性

51. 人体的对称　　∥分数：1分

人体的左右两侧是绝对对称的吗？（　）

A 是
B 不是

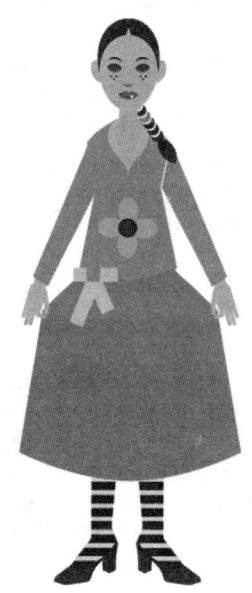

52. 人的气味　　∥分数：1分

根据生物学家测定，人体散发的气味中有（　）多种化学物质。

A 100

B 1000

C 10000

C 清洁皮肤

53. 运动后饮水 ‖ 分数：1分

运动过后，由于出汗过多，饮水时在水中最好加入少量的（ ）。

A 盐

B 糖

C 醋

54. 出汗的作用 ‖ 分数：1分

人的皮肤会出汗是为了（ ）

A 滋润皮肤

B 带走热量

55. 人的耳朵 ‖ 分数：1分

人的耳朵会动吗？（ ）

A 会

B 不会

56. 眉毛的长度 ‖ 分数：1分

眉毛（ ）像头发一样长长。

A 能

B 不能

57. 剪指甲不痛　‖ 分数：1分

剪指甲不会感到疼痛是因为（　）

A　指甲比较厚

B　指甲上没有神经

C　指甲上没有细胞

58. 吃鱼变聪明　‖ 分数：1分

科学家提倡多吃鱼，这是因为鱼肉中含有丰富的蛋白质、牛黄酸以及（　）等，非常有助于人类的身体健康。

A　矿物质

B　葡萄糖

C　不饱和脂肪酸

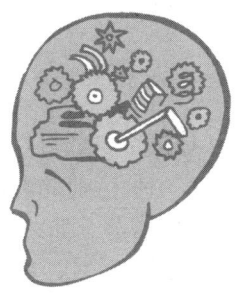

59. 受冻后的嘴唇　‖ 分数：1分

人在受冻后，嘴唇就会发（　）。

A　红

B　白

C　紫

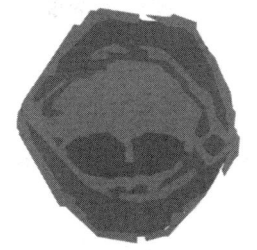

60. 人脑的潜力　‖ 分数：1分

据研究，一个正常人的大脑有146亿个神经细胞，约能贮存4.5千万亿个信息单位，相当于一部大型电脑存储量的（　）万倍。

A　40

B　80

C　120

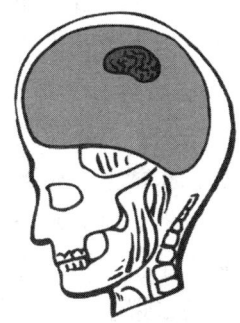

答案部分：

第一章 人体难题

1

答案：B 小肠。胃是一个像口袋一样的东西，专门负责消化食物。我们吃下去的饭呀、菜呀，到了胃里，它就会一伸一缩，一伸一缩，以有规律的蠕动方式，把食物拌和揉烂。同时，胃里还会产生胃液，胃液也能帮助消化食物。食物经过胃的消化，就一点一点地被送到小肠里，当胃里的食物被送完后，胃就空了。但是胃仍旧继续分泌胃液，那样胃里就只剩下一点胃液和气体。

2

答案：A 味蕾。舌头能够分辨出不同的味道是因为舌头上有许多乳头状的突起，里面含有"味蕾"。味蕾是味觉的先头兵。当味蕾接触到进入口腔的食物，味蕾上的感觉神经把它感觉到的味道报告给大脑中的味觉中枢，然后味觉中枢下达味觉反映，这时人们就会品出味道了。

3

答案：A 适应环境的结果。科学家研究发现，人类的祖先在一开始并没有差异，肤色基本相同。只是到了后来，人们移居到不同的地区，为适应外界的环境才渐渐出现了肤色的差异。皮肤的颜色主要是由皮肤内黑色素的多少决定的。黑色素是一种黑色或棕色的颗粒，可以阻挡阳光中对人体有害的紫外线。居住在赤道地区的非洲人，由于皮肤常常受到强烈日光的照射，体内黑色素大量产生。所以，非洲人皮肤呈黑色。在高寒的北欧，因为人们受不到烈日的暴晒，因此身体里的黑色素很少，皮肤为白色。黄种人一般聚居在温带地区，阳光强烈的程度居中，黑色素也介于前面二者之间，所以皮肤的颜色也介于两种人之间。

4

答案：C 极个别的可以。睡眠是人最基本的一种生理需求，是大脑神经活动的一部分，是大脑皮质内神经细胞继续兴奋之后产生了抑制的结果。当抑制作用在大脑皮质内占优势的时候，人就会睡觉。只有极个别的人一辈子可以不睡觉。

5

答案：A振动。声音是由振动着的物体——声带发出的，它有着自己独有的特性。声带是位于喉腔两侧的一对弹性黏膜壁。成熟的声带由两部分组成：坚韧的软骨组织和柔软的膜片。它们是发声、歌唱的关键部位。

6

答案：B呼吸道。咳嗽是人保护自己的一种能力，是因为喉头或气管受到刺激所引起的。它是人体的防御和保护性的一种反射动作，可以帮助呼吸道（主要是下呼吸道）清除外界侵入的异物和过多的分泌物，起到清洁和保护呼吸道的作用。

7 答案：A红绿色盲。人眼之所以能看见五彩缤纷的世界，是因为在眼睛后部的视网膜上有一类叫圆锥的感光细胞，它含有对颜色敏感的色素，因此能感受色彩。正常人的圆锥细胞里有三种感光色素，它们能对红、蓝、绿三级本色产生反应。当各种颜色的光折射到视网膜上时，这三种色素受到相应的刺激，由于接受刺激的强弱程度存在着差异，所以当它们在眼内被调和在一起后，便使人感受到了各种不同的色彩。如果缺乏这三种视觉细胞中的一种，就不能辨别相关的颜色。

有的人视网膜上缺乏能感受红色的细胞就是红色盲，不能分辨绿色的是绿色盲，这三种都不能分辨的叫红绿色盲。除部分红绿色盲以外，还有全色盲的人，他们看的东西一切都是灰色的。

8

答案：A鳞片。人和其他动物的毛发表面都覆盖着鳞片。鳞片非常小，只能用高倍显微镜才能看见。这些鳞片互相搭接，像屋瓦一样。

9

答案：A软骨。人的身体的很多活动都依赖于人有一副结构完备的骨骼。人体之所以能长高，是因为人的骨骼在不断生长。骨头的两端是软骨。这种软骨有一个特点，就是一边不停地生长，一边不停地进行骨化。人就是这样一点点长高的。到了二十几岁，软骨不再生长，最后全部骨化，人的个子就不会再长了。

10

答案：A眼泪。眼睛眨动是眼睛对自己的保护。因为眼珠子需要湿润，眨动眼睛，眼皮就能把眼泪均匀地抹在眼珠上，使眼泪湿润和灵活地转动。另外眼泪能把掉进眼睛里的灰尘冲洗掉，保持眼睛的清洁舒适。所以人老是眨着眼睛。

11

答案：B皮肤。人体最大的器官

是人体的皮肤。皮肤的结构从外向内是由表皮、真皮、皮下组织构成，其间分布有血管、神经、淋巴及皮脂腺、汗腺、毛囊、毛发等皮肤附属物。一个成年人的皮肤面积约有2平方米，重量占人体总重量的16%。

12

答案：A 帮助。唾液的功用是很多的。没有唾液的帮忙，干性的食物就无法咽下肚；唾液能溶解食物，帮助胃消化食物；唾液浸湿食物后，可以润滑口腔、咽喉、食道，使这些部位柔软而有弹性；没有唾液湿润口腔，说话就不怎么方便，歌唱家也无法传达给我们美妙动听的歌声了；唾液具有溶剂和刺激味蕾的作用，舌头要在唾液的帮助下，才能辨别食物的酸、甜、苦、辣；唾液对口腔里的细菌可起到杀菌消毒的作用。另外，科学家发现唾液对食物中的一些致癌病毒，还能起到杀灭的作用。

13

答案：A 绿。红色和黄色对光线的反射比较强，让人感觉刺眼。眼睛如果长期受到强光的刺激，就能造成更坏的改变，从而形成近视眼。而绿色对光线的吸收和反射比较适中，能让人感觉到清爽、平静，对人体的神经系统、大脑皮质和眼睛的视网膜组织比较适合，能起到解除眼睛疲劳和保护眼睛的作用。绿色不仅能吸收强光中的紫外线，还能够减少强光对眼镜的刺激，所以，绿色对眼睛有好处。

14

答案：A 缺氧。人在疲劳或困倦的时候，总会打哈欠，伸伸懒腰。打哈欠是一种自发的生理反应，是缺氧的表现。人在疲劳的时候，就会供氧不足，需要大口地吸气，将氧气送到身体的各个部分，来满足身体的需要。

15

答案：A 36.5。人的体温在正常的情况下是36.5℃左右。如果体温超出了这个范围就意味着可能患上了某种疾病。超过37℃，就叫做发热。发热通常是细菌感染的结果，但是有不少的慢性病也可以使人长期发热。如果发热超过41℃，就会使人昏迷、抽风，甚至危及生命。但是体温急剧下降也是十分严重的现象。总的来说，体温过高或者过低，都会导致体内的各种酶系统发生紊乱、活性下降，从而导致机体的各种生理功能障碍，严重的可以导致死亡。

16

答案：C 鼻子。人的生命时刻需要补充氧气，鼻子是空气进入人体的第一道关口。鼻腔对空气起到加温和湿润的作用。鼻子内的黏液和鼻毛还可以挡住微粒和灰尘。鼻子可以闻到刺激性或有害气体的味道，使人们免受这些有害物质的伤害。

17

答案：A 手指。手是人体最敏感的部位，它比舌头、嘴唇和脚都敏感。手可以帮助人们完成许多复杂的工作，比如编织、剪纸、绘画等。手还可以帮助人们感知物体的形状、温度、光洁度等。

18

答案：B 血液。血液对于人类来说是十分重要的。它为人们提供营养、氧气和免疫物质等，是生命的象征。人们还可以通过对血液的监测，发现人体的病变或异常。我们去医院看病的时候，常常会化验血液。医生只要在手指尖上刺一下，挤出一滴血，经过化验就可以了解病人的病情了。

19

答案：A 四。门牙又叫做"切牙"，一共有四对，它的主要任务就是切断食物。所以，门牙就长得又扁又宽，像菜刀一样。

20

答案：A 骨皮质。骨骼被称为人体的"支架"，十分坚硬。其实骨骼可分为骨皮质和骨髓质两部分。真正坚硬的是骨皮质，而骨髓质是半空的，是制造血液的地方。

21

答案：B 大脑。我们睡觉的时候，不仅是全身的肌肉、骨骼和关节的放松，最重要的是大脑的放松。

22

答案：B 不是。一般来说，发烧是由于流行性感冒、扁桃体炎、风疹、腮腺炎、肺炎、水痘等疾病引起的。发烧的实质是人体对疾病的一种反抗，它是在提醒人们疾病进入了机体，需要采取措施了。在发烧的时候，人体内的白细胞就会大量增加，对病菌可以进行有力的杀伤。人体的新陈代谢也会激起人的免疫系统对疾病产生抵抗力。所以，发烧并不是一件坏事。

23

答案：A 大脑。尽管目前医学界还没有定论，但是基本上认为植物人是由于大脑受到损伤而缺氧造成的。一般来说，患脑炎、头部外伤、头颅内血肿、脑血管畸形、酒精中毒等症状的病人，可能会变成植物人。

24

答案：C 淋巴。艾滋病的全称是"人获得性免疫缺陷病毒"，又叫"获得性免疫缺陷综合征"，是由艾滋病病毒入侵人体淋巴细胞引起的。艾滋病病毒能大量杀伤淋巴细胞，使人的免疫系统全线崩溃，导致人体丧失免疫功能。人体在感染了艾滋病毒后，会出现长期咳嗽、发烧、慢性腹泻、体重减轻等症状。

25

答案：C 肝。如果纯粹从生理上来讲，肝脏是人体最重要的器官。因为肝脏是人体的化工中心，是几乎所有重要生化反应的中枢，还是解毒中心，人体的运转就是靠大量的生化反应维系的，翻开一本生化书，基本上就是以肝脏为中心。

26

答案：C 受精卵。人体的发育是从受精卵开始的，然后受精卵再发育成胚胎，胚胎再发育成胎儿，最后经过了280天的完整发育，一个新生的婴儿便出生了。

27

答案：B 600。健康男女老幼人体全身的肌肉共有639块。约由60亿条肌纤维组成，其中最长的肌纤维达60厘米，最短的仅有1毫米左右。大块肌肉有2000克重，小块的肌肉仅有几克。一般人的肌肉占体重的35%～45%。肌肉内毛细血管的总长度可达10万千米，可绕地球两圈半。

28

答案：B 小脑。小脑又分为：前庭小脑、脊髓小脑、大脑小脑。其中，前庭小脑是用来调整肌肉紧张，维持身体平衡的。

29

答案：C 镫骨。镫骨是人体中最小的骨骼，只有在显微镜下才能够看清楚。但它在我们的听觉生理中却起着举足轻重的作用，因此我们要特别注意保护它。如果三块听骨中的任意一块发生病变，或者砧镫关节被破坏，就会造成声音传导障碍，严重时会引起传导性耳聋。

30

答案：C 小肠。人体消化道中最长的器官是小肠，小肠的长度占整个胃肠道的75%，总长度为4～6米。小肠是食物消化吸收的主要场所，盘曲于腹腔内，上连胃幽门，下接盲肠，全长约3～5米，分为十二指肠、空肠和回肠三部分。

31

答案：C 手掌和脚底。

32

答案：A 钙质。钙是构成骨骼与牙齿的主要成分，是机体机能的重要调节元素。因此，如果我们的身体缺乏钙质，就会引发很多疾病，所以，我们平时要多注重钙质的吸收，比如多吃一些钙质丰富的食物等。

33

答案：B 70。正常成年人心跳应

在60～100次/分之间。超过100次/分称心动过速，慢于60次/分称心动过缓。正常成年人安静时的心率有显著的个体差异，平均在75次/分左右（60～100次/分之间）。心率可因年龄、性别及其他生理情况而不同。

34

答案：B变小。瞳孔就像照相机里的光圈一样，可以随光线的强弱而变化。瞳孔在强光下变小，在黑暗时会变大，在看近物时，两眼球会向内转，两眼视线注意点交叉，瞳孔缩小。在看远物时，瞳孔扩大，增加进入眼内的光量。

35

答案：B不一样。心脏是人体内泵血的肌性动力器官，重约300克，约占人体重量的0.5%，其大小相当于本人的拳头。有趣的是，它的强弱也常和拳头的强弱成正比。一个粗手粗脚的人（多半是体力劳动者），除了拥有一副较大的拳头之外，同时也拥有一个强大的心脏。反之，一个细手细脚的人（多半是脑力劳动者），则多半具有较小的心脏。

36

答案：B 206。成人骨头共有206块，分为头颅骨、躯干骨、上肢骨、下肢骨四个部分。但儿童的骨头却比大人多。因为：儿童的骶骨有5块，长大成人后合为1块了。儿童的尾骨有4～5块，长大后也合成了1块。儿童有2块髂骨、2块坐骨和2块耻骨，到成人就合并成为2块髋骨了。这样加起来，儿童的骨头要比大人多11～12块，就是说有217～218块。医学书上说，初生婴儿的骨头竟多达305块。

37

答案：C肩关节。肩关节是由肱骨头与肩胛骨的关节盂构成。它沿冠状轴（左右方向的水平轴）可作屈伸运动；沿矢状轴（前后方面的水平轴）可作收、展运动；沿垂直轴（垂直于地面方向，上下方向的轴）可旋内、旋外。此外，还可作环转运动。人手借肩关节的灵活运动可触到体表的任何部位。

38

答案：C髋关节。髋关节是人体最大的关节，它支撑着整个躯干的重量。在人体中起着重要的作用。

39

答案：B 6～8%。科学分析表明：正常人的血液总量约占体重的7%～8%，人体平均含有约4.7升血液，包括细胞及液体部分。细胞部分占身体之血容量约45%，包括红血球，白血球及血小板。所有这些成分均来自体内骨髓制造的干细胞。液体部分占血容量55%，由血浆及可溶血蛋白组成。

40
答案：A 12。人体共有12对颅神经，分别是：嗅神经、视神经、动眼神经、滑车神经、三叉神经、外展神经、面神经、听神经和前庭神经、舌咽神经、迷走神经、副神经、舌下神经。这12对颅神经都是在大脑的统一指挥下进行有条不紊的工作的。

41
答案：B 46。人类体细胞具有46条染色体，其中有44条（22对）是常染色体，两外两条与性别有关，为性染色体。性染色体在女性为XX，在男性为XY。生殖细胞中卵细胞和精子各有23条染色体，分别为22＋X和22＋Y。

42
答案：B 生长激素。生长激素是由脑垂体前叶分泌的能促进身体生长的一种激素，它能通过促进肝脏产生生长素介质间接促进生长期的骨骺软骨形成，促进骨及软骨的生长，从而使人的躯体增高。

43
答案：A 长。成年男子的声带长而宽，成年女子的声带短而窄，所以女子比男子的声调高。青少年从14岁开始变音，一般要持续半年左右。

44
答案：B 3000。人的胃分胃贲门、胃底、胃体和胃窦四部分，它的总容量约1000～3000毫升。其主要功能是容纳和消化食物，由食管进入胃内的食团，经胃内机械性消化和化学性消化后形成食糜，食糜借助胃的运动逐次被排入十二指肠。

45
答案：C 120。红细胞要不断进行新生和破坏，根据同位素的实验证明，它的寿命为100～120天，比白血球要长。所以红十字会通常都会建议成年男子可以每隔三个月献血一次，女子可以每隔四个月献血一次。

46
答案：C 500。我们的鼻子里有500万个嗅觉感受器细胞，它们位于鼻腔上皮组织中，能将神经冲动传经嗅球、嗅束，到达大脑皮质的嗅觉区，这样我们就会闻到不同的气味。

47
答案：A 会。嗅觉有以下四个特点：1. 嗅觉的适应性 2. 嗅觉的差异性 3. 嗅觉会随年龄的增长而减弱 4. 不同的动物质气味的敏感程度不同。

48
答案：A 耳朵里。人体内耳前

庭平衡感受器受到过度运动刺激，前庭器官产生过量生物电，影响神经中枢而出现的出冷汗、恶心、呕吐、头晕等症状群。每个人耐受性差别又很大，这除了与遗传因素有关外，还受视觉、个体体质、精神状态以及客观环境（如空气异味）等因素影响。

49

答案：B 120。1分贝是人类耳朵刚刚能听到的声音，20分贝以下的声音，一般来说，我们认为它是安静的，20～40分贝就像是情侣耳边的喃喃细语，40～60分贝属于我们正常的交谈声音。60分贝以上就属于吵闹范围了，70分贝我们就可以认为它是很吵的，而且已经开始损害听力神经，我们视之为噪音污染。90分贝以上就会使听力受损，而呆在100～120分贝的空间内，如无意外，一分钟人类就得暂时性失聪（致聋）。这就是不同分贝的噪音对人体的影响。

50

答案：B 女性。心率是指每分钟心脏搏动的次数。不同年龄、性别和机能状态下的心率均有所不同，心率变化有明显的个体差异。一般新生儿的心率较快，每分钟可达120次。随着年龄的增长心率逐渐减少，到青春期时接近成人的水平。女性心率比男性稍快，安静时成人的正常心率约为75次/分，这时每一个心动周期约为0.8秒，运动时心跳频率加快，心动周期缩短，心率增加到150次/分，心动周期为0.4秒。如果其他条件不变，心率越快，心输出量越多。

51

答案：B 不是。人的身体似乎是左右对称的，事实上，人体的左右两侧，并不是绝对对称的，但要精确测量才会发现。就拿左右手来说，它们的粗细长短是不一样的；人的眉毛也是一边高一边低；眼睛也往往是一只大一只小；左右两只胳膊和两条腿，粗细也是不一样的。经常用左胳膊或左腿的人，左腿和左胳膊总是比右边的粗；常用右侧的人，则右侧粗一些。

从人体内部脏器来看，左右两侧的差别就更大了。右侧有一个肝脏，左侧却是一个脾脏。最明显的是心脏，它并不位于身体的正中，只有一小部分位于胸腔右侧，绝大部分在左侧。人体大脑的构造及功能，左右两侧也不完全一样。对大多数人来说，左侧脑子有管理说话、使语言连贯的神经中枢，而右侧则没有。

52

答案：B 1000。每个人都有自己

独特的体味，根据生物学家测定，人体散发的气味有1000多种化学物质，其中呼吸器官排出的有149种；肠胃中的气味有250多种；尿液中有219种；粪便中有196种；汗液中有151种；皮肤表面的有271种。

每个人的体味是不一样的，黑种人的腺体最丰富，他们的体味也就最浓；白人次之；黄种人相对来说体味最弱。另外，生活水平较高或经常大量食用肉食的人，都有比较浓的体味；而经常吃蔬菜的人，体味则比较清淡。

53 答案：A 盐。运动时大量排汗保持了体温的相对稳定，却使人体丢失了大量的水分，同时还带走了许多无机盐，如钠、钾、镁等，因此使人产生口渴感。大量饮水又冲淡了血液中盐分的浓度，为了保持和恢复原有浓度，就要把喝进来的水分再排出去，于是继续出汗，如此便形成了恶性循环。因此，运动后喝水时，应在水中加点盐，一般500毫升水中加入1~1.5克的食盐就可以了。

54

答案：B 带走热量。人是恒温动物，在36.5℃左右的体温条件下，各种生命活动才能正常进行。出汗是人体的本能，它是维持正常体温的一种方法。一个人全身皮肤表面大约有200~500万个汗腺，汗液就是从这些汗腺里流出来的。汗腺是人体的"天然空调器"，人的体温上升时，汗腺开始启动"空调器"，皮肤下面的血管就会扩张，身体内的血液涌入到皮下血管。这时，皮肤里的汗腺就会分泌大量汗液，通过皮肤表面的汗液蒸发，来带走体表的热量，从而降低体表的温度，保持体温的恒定。

55

答案：A 会。人的耳朵可分为3个部分：耳郭、外耳道和鼓膜称为外耳，起保护和传导声波的作用，有的人耳朵能动就是外耳在动；鼓室及位于其中的锤骨、砧骨和镫骨这3块听小骨称为中耳，中耳以机械形式传递振动；耳蜗、半规管和听觉神经称为内耳。

我们看到很多动物的耳朵都是会动的，人和动物一样，耳朵后面有一块动耳肌，在神经的支配下可以活动。人类经过长期的进化，有些人耳后的动耳肌退化了，耳朵就不会动了；而有些人的动耳肌没退化，耳朵就会动。

56

答案：B 不能。根据科学家研究，人体的毛发长度是由生长头发的毛囊的大小和形状决定的。而且，毛发的生长要遵循一定的周期，根据人体的不同部位，毛发生长的长度会有所不同。因为不同部位的毛发有其各自的毛囊，每个毛囊的生长周期各不相同。同时，每一种类型的毛囊仅能承受一定长度的毛发。它只能长到一定的年龄和一定的长度，经过一段时间后就会脱落下来，之后在脱落的地方再重新长出新的毛发。

眉毛的毛囊比头发的毛囊承受力小得多，当眉毛长到了一定的长度，毛囊承受不了的时候，眉毛就会停止生长而自行脱落。因此，眉毛无法长得如头发那样长。

57

答案：B 指甲上没有神经。人之所以能感觉到痛，是因为人体内有许多神经，这些神经受到刺激时会迫使大脑感受到疼痛。而人的指甲上没有血管，也没有神经，所以剪指甲是不会感觉疼痛的。

指甲是角质蛋白组成的，它由身体的表皮细胞演变而来。表皮细胞从出生到死亡，一直都在不停地进行新陈代谢。只要有新的角质蛋白产生，就会把指甲向外推，因此指甲就会一直不停地生长。

58 答案：C 不饱和脂肪酸。鱼类含有丰富的蛋白质，容易被人吸收；鱼肉中还含有牛黄酸，它可以增强眼睛对暗光的适应力；鱼的脂肪中含有不饱和脂肪酸，可以降低胆固醇，预防心脑血管疾病、关节炎和气喘病。特别是鱼脑的主要成分是不饱和脂肪酸，是人脑细胞的主要成分之一，对脑细胞的形成起着重要的作用。如果缺少了不饱和脂肪酸，人的记忆力和思维能力就会下降。鱼的脑和眼窝中含有丰富的不饱和脂肪酸，吃鱼头确实能使人聪明。据统计，日本、挪威、澳大利亚等沿海国家的居民寿命普遍较长，这与他们长期食用鱼类等海产品有密切的关系。

59

答案：C 紫。人的血液在正常情况下是红色的，但是在受冻之后，就会发紫。这是因为当我们感觉冷的时候，神经中枢会立即命令皮肤内的血管收缩，以减少体内热量的散发。但受冻时间长了，神经感觉就会失效，反而引起血管扩张，导致血液流速减慢，不少还原血红蛋白积存于皮肤表面，它们是紫色的，血液因此而变成了青紫色。只是由于其他部位的皮肤较厚，而嘴唇的皮肤薄且娇嫩，并且也比较引人注目，因此一般人就最先注意到嘴唇发紫了。

60

答案：C 120。美国知名学者奥图博士说："人脑好像一个沉睡的巨人，我们只用了不到1%的脑力。即使最聪明的爱因斯坦，其大脑的使用量也没有达到10%。人类的智慧和知识，至今仍是'低度开发'"人的大脑是个无尽的宝藏，可惜的是每个人都忽略了如何有效发挥它的潜力——潜意识中激发出来的力量。

人脑与生俱来就有记忆、学习与创造的巨大潜力，而且能力比我们想象的还要大得多。据研究，一个正常人的大脑有146亿个神经细胞，约能贮存4.5千万亿个信息单位，相当于一部大型电脑存储量的120万倍。有人计算过，全世界图书馆的藏书总数约8亿册，假如每册书包含的信息量为600万个单位，那么这些书总共有4800万亿个信息单位，也就相当于一个人大脑所能贮存的信息量。

第二章　科学难题

科学是运用范畴、定理、定律等思维形式反映现实世界各种现象的本质和规律的知识体系，是社会意识形态之一，是人类分门别类的学问。科学在十九世纪已经是一个非常庞大的知识体系了，它分成许多专业，而这些专业的知识又都紧密相连。

难倒大人的科学题

1. 风向记录 ‖ 分数：2分

我们通常采用（ ）个方位来记录风向。

A 四

B 八

C 十二

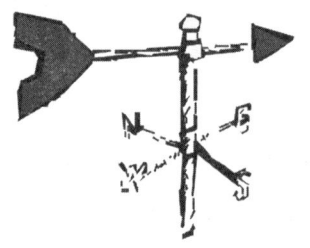

2. 磁悬浮列车 ‖ 分数：2分

磁悬浮列车利用（ ）悬浮在轨道上。

A 排斥力

B 吸引力

C 万有引力

3. 客机上能跳伞吗？ ‖ 分数：2分

客机上能跳伞吗？（ ）

A 能

B 不能

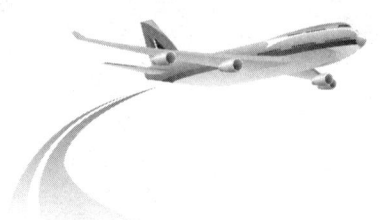

4. 广播的传送 ‖ 分数：2分

电台广播是通过（ ）传送的。

A 红外线波

B 电磁光波

C 无线电波

5. 刷成白色的树干 ‖ 分数：2分

为了保护树木，我们经常看到道路两旁的树干被人们用（ ）刷成白色。

A 石灰水

B 白胶水

C 乳胶漆

6. 气垫船的工作原理 ‖ 分数：2分

气垫船在陆上行驶时，利用向下喷出的（　）使船身悬浮起来。

A 土
B 水
C 气流

7. 传真机的工作原理 ‖ 分数：2分

传真机的接收机接收到从（　）上传来的电信号。

A 电脑
B 电话线
C 电话

8. 冰冻汽水和普通汽水 ‖ 分数：2分

冰冻汽水和普通汽水带给我们的凉爽程度是一样的吗？（　）

A 是
B 不是

9. 硬水和软水 ‖ 分数：2分

水里面（　）含量多的叫硬水。

A 杂质
B 碳酸钙
C 碳酸氢钙

10. 无影灯 ‖ 分数：2分

白天，做手术时，手术室（　）。

A 不用灯
B 用普通灯
C 用无影灯

11. 冰箱"冬眠" ‖分数：2分

冬天里，我们可以让家里的电冰箱"冬眠"吗？（　）

A　可以

B　不可以

12. 点灯看电视 ‖分数：2分

夜间看书或者看电视时，我们最好点上（　），这样不会影响我们的视力。

A　白炽灯

B　绿灯

C　红灯

13. 纸杯烧水 ‖分数：2分

正常条件下，纸做的杯子（　）可以烧水。

A　一定

B　一定不

C　不一定

14. 扇子扇风 ‖分数：2分

用扇子扇风，会同时有两个作用，一个是补充氧气，一个是降低温度，扇子扇炉火越扇越旺是（　）起主要作用。

A　补充氧气

B　降低温度

C 两个都没有

15. 铁为什么会粘手 ‖ 分数：2分

冬天，铁会粘手，实际上是（　）。

A 铁把手粘住了

B 手上的物质和铁发生了化学反应

C 手与铁接触的部分结冰了

16. 北半球的秋分 ‖ 分数：2分

北半球的秋分在几月？（　）

A 3月

B 6月

C 9月

17. 体温计 ‖ 分数：2分

体温计的内径大小一样吗？（　）

A 一样

B 不一样

18. 玻璃上滑冰 ‖ 分数：2分

玻璃上能滑冰吗？（　）

A 能

B 不能

19. 全球定位系统　‖ 分数：2分

全球定位系统是由（ ）部分构成的。

A　3

B　6

C　24

20. 放大镜　‖ 分数：2分

放大镜能够将角放大吗？（ ）

A　能

B　不能

21. 铅笔芯变钻石　‖ 分数：2分

铅笔芯能变成金刚石吗？（ ）

A　能

B　不能

22. 固定飞机零件　‖ 分数：2分

飞机上有些零件是用（ ）固定的。

A　白乳胶

B　黏合剂

C　油漆

23. 又臭又硬的石头　‖ 分数：2分

在地质上把臭石称为（ ）。

A　臭灰岩

B　臭石岩

C　臭石头

24. 信息高速公路　‖ 分数：2分

"信息高速公路"的路是指光纤电缆构成的（ ）。

A　空中网

B　公路

C　网络

25. 坦克帽的用途 ‖ 分数：2分

戴坦克帽是为了（ ）。

A 减少噪音

B 保暖

C 避免淋雨

26. 水雷的威力 ‖ 分数：2分

水雷能攻击直升机吗？（ ）

A 能

B 不能

27. 飞机隐形的秘密 ‖ 分数：2分

电磁波碰到隐形飞机以后，转化成热能被（ ）了。

A 发射

B 发散

C 吸收

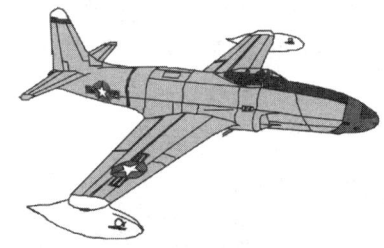

28. 七巧板的制成 ‖ 分数：2分

七巧板是用一块（ ）的木板或厚纸分作七块而制成的。

A 圆形

B 长方形

C 正方形

29. 万能机器人 ‖ 分数：2分

机器人能看见东西吗？（ ）

A 能

B 不能

30. 陶瓷的用途　∥分数：2分

陶瓷可以做剪刀和锤子吗？
（　）

　　A　可以

　　B　不可以

31. 人体可以导电　∥分数：2分

人体可以导电是因为人体中含有（　）。

　　A　水

　　B　蛋白质

　　C　肌肉

32. 皮球的弹力　∥分数：2分

皮球落到地上能够弹起来，是因为皮球发生了（　）

　　A　形变

　　B　体变

　　C　弹变

33. 圆形的车轮　∥分数：2分

能够将车轮做成方形或者别的形状吗？（　）

　　A　能

　　B　不能

34. 轨道下的枕木　∥分数：2分

火车轨道下的枕木可以保护（　）。

　　A　火车

　　B　地基

　　C　轨道

第二章　科学难题

35. 鸟儿和飞机　‖分数：2分

鸟儿能撞坏飞行中的飞机吗？（　）

A 能

B 不能

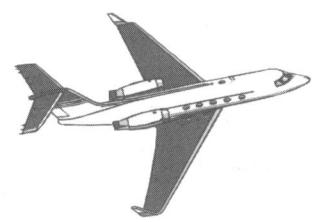

36. 轮船抛锚　‖分数：2分

一般情况下，船员都会选择使轮船（　）。

A 顺水抛锚

B 逆水抛锚

C 无所谓

37. 消防衣的材质　‖分数：2分

消防衣是用（　）做成的。

A 铁

B 玻璃

C 石棉

38. 下雪和晴雪　‖分数：2分

下雪时天气比较冷还是下雪后放晴时的天气比较冷？（　）

A 下雪时

B 下雪后

39. 自然分解　‖分数：2分

下列哪种东西丢进大海中会被

自然分解掉？（ ）

    A 塑料袋

    B 玻璃瓶

    C 皮革

40. 地震 ‖ 分数：2分

下列哪种地形地震发生几率最小（ ）

    A 沼泽地

    B 沙漠

    C 海洋

41. 电闪雷鸣的作用 ‖ 分数：1分

电闪雷鸣对农作物（ ）

    A 有利

    B 有害

42. 烫发师的秘密武器 ‖ 分数：1分

烫发师用（ ），可以使头发卷曲。

    A 冷烫精

    B 热烫精

    C 冷冻精

43. 秘密墨水 ‖ 分数：1分

早期的秘密墨水有（ ）、柠檬汁、生物体血液等天然有机物。

    A 豆浆

    B 牛奶

    C 墨汁

44. 饮酒与否测试卡　‖分数：1分

刚喝过酒的人对着饮酒与否测试卡连续呼气，饮酒与否测试卡就会变成（　）。

A　暗绿色
B　棕红色
C　白色

45. 气象观测网　‖分数：1分

最早的气象观测网是（　）下令建起来的。

A　华盛顿
B　拿破仑
C　拿破仑三世

46. 奇怪的影子　‖分数：1分

我们在锅炉房或热力发电厂上空看到的奇怪影子，是由（　）所产生的。

A　热空气
B　冷空气
C　大气层

47. 人造仙境的制造者

‖分数：1分

（　）被称为人间仙境的制造者。

A　氧气
B　一氧化碳
C　二氧化碳

48. 铁轮船的秘密　‖ 分数：1分

浸在液体里的物体，要受到向上的浮力，其大小等于（　）的重量。

A　物体本身
B　等体积液体
C　物体排开液体

49. 车灯玻璃　‖ 分数：1分

（　）的玻璃，能使灯光比较柔和，扩大照射范围。

A　凹凸不平
B　平整
C　毛化

50. 液罐车　‖ 分数：1分

液罐汽车都采用圆形的车厢，目的是防止液体受热膨胀，避免罐体受到过大的（　）而破裂。

A　内应力
B　外力
C　平衡力

51. 电脑病毒　‖ 分数：1分

使电脑操作受到影响的电脑病毒是在（　）年首次被人发现的。

A　1991
B　1988
C　1986

52. 断电的时钟　‖ 分数：1分

计算机在关机时，计算机内部的主机板装有一个（　），是它使时钟正常工作的。

A　电源
B　镍镉电池

C 发条

53. 蓝牙技术 ‖ 分数：1分

1998年5月，（ ）的无线连接标准正式推出，并命名为"蓝牙"技术。

A 数字设备

B 电子设备

C 通信设备

54. 微波炉原理 ‖ 分数：1分

微波炉里的微波是一种（ ）波。

A 无线电波

B 红外线光波

C 电磁波

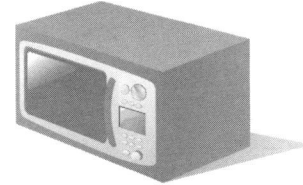

55. 埃及金字塔 ‖ 分数：1分

埃及金字塔最初的用途是（ ）。

A 储存食物的

B 供观光旅游的

C 国王的坟墓

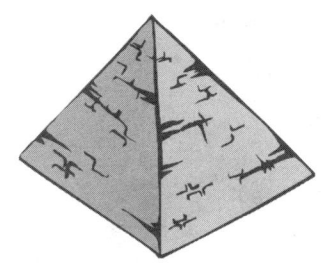

56. 钟声起伏 ‖ 分数：1分

编钟是中国古代的一种（ ）。

A 乐器

B 时钟

C 装饰物

57. 电线短路 ‖ 分数：1分

当电路短路的时候，电路的（ ）瞬间增大。

A 电阻

B 电流

C 电压

58. 电池里的电 ‖ 分数：1分

电池所产生的电是（ ）。

A 无限的

B 有限的

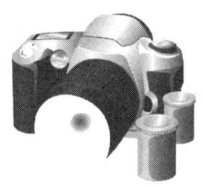

59. 太空棉 ‖ 分数：1分

太空棉能抵御寒气入侵，保护体温，主要是靠第二层（ ）起的作用。

A 铝钛薄膜

B 织造布

C 尼龙绸

60. 纸造的房屋 ‖ 分数：1分

20世纪70年代以后，国外出现了用（ ）建造的房屋。

A 纸

B 石膏

C 布

答案部分：

第二章 科学难题

1

答案：B 八。风向通常采用八个方位来记录，它们分别为：东、西、南、北、东北、东南、西南、西北。

2

答案：A 排斥力。磁悬浮列车的工作原理就是利用相同磁极之间巨大的排斥力，时列车平行地悬浮在轨道之上，这样由于列车不直接接触轨道，所以大大减小了震动和阻力，使得列车运行起来又快又平稳。

3

答案：B 不能。原因有三：一、对于没有经过专门训练的人来说，跳伞是相当危险的。尤其在不明飞行高度以及速度，并且搞不清下方地形的情况下匆忙跳伞，是很容易造成伤亡事故的；二、假如客机为乘客准备降落伞，那么稍有机械故障，或者机身晃动，一些不明真相的乘客要求跳伞，就会造成整个机厢乘客慌乱。事实上飞机的小晃动或者机械故障可能是正常情况或是能够排除的；三、为了使乘客感觉更加舒适，飞机上保持了同地面一样的大气压，这样机内的气压就大于机外高空的大气压。所以，在空中客舱的门是不可能打开的，也就无法跳伞了。

4

答案：C 无线电波。广播是通过无线电波传送的。当电台开始广播时，播音员的说话和各种广播节目的声音通过发射机和发射天线，转变成电波发射到空中，被家里收音机的接收天线收到后，收音机又把电波还原成声波，再由扬声器放大。这样，我们就听到电台的广播了。

5

答案：A 石灰水。这是因为石灰水可以杀死寄生在树干上的一些过冬的细菌和害虫，防止它们在树干上繁殖，还可以防止地上的害虫往树上爬，因为害虫普遍喜欢脏地方，都不喜欢白色。还有一个重要的原因就是树木在冬天容易冻裂，如果把树干刷成白色，树干就会反射阳光，树木白天吸收的阳光少了，就会和晚上的树干温度基本保持一致，这样树木就不会冻裂了。

6

答案：C 气流。气垫船在行驶的时候，向船底喷出又急又快的气流，就会产生托起气垫船的推力，船底与河水水面之间会出现一层气流层，好像"气垫子"一般，所以称为气垫船。气垫船在陆上行驶时，也是利用向下喷出的气流把船身悬浮起来。

7

答案：B 电话线。传真机发送材料时，对书面资料直接进行扫描，并把扫描的信息转变成电信号，通过电话线把电信号传到另一台传真机上；传真机接受材料时，把收到的电信号经过信号转变，再将书面资料复制出来就可以了。

8

答案：B 不是。在夏天里，我们都爱喝冰冻汽水，因为冰冻的汽水泡沫多啊！其实这也是一个物理规律：气体在水里的溶解度和温度有很大的关系，温度越低气体往往溶解得越多。比如二氧化碳，在 0℃ 时的溶解度是 20℃ 时的 2 倍，而且由于它的温度低，二氧化碳比较难以逃逸。人们喝进汽水后，肠胃吸收二氧化碳，并且很快从口腔中排出，从而降低人体的温度。

9

答案：C 碳酸氢钙。自然界的水里面都含有很多的杂质，其中碳酸氢钙含量多的叫硬水，含量少的叫软水。一般泉水、海水、井水是硬水，雨水是软水。碳酸氢钙是一种非常容易发生化学反应的物质。当水温升高时，水里的碳酸氢钙就会分解变成水和碳酸钙，碳酸钙沉淀变成水垢。

10

答案：C 用无影灯。无影灯是将发光强度很大的几个灯在灯盘上排列成圆形，合成一个大面积的光源。这样光线就能从不同的角度照射下来，下面就能产生无影的效果。医院手术室就是运用无影灯，使医生无论在什么位置做手术时都不会受到阴影的干扰。

11

答案：B 不可以。冬天虽然室外温度很低，但是室内温度一般也在 20℃ 左右。这个温度下，富含蛋白质的东西还是很容易变质。而且，冬季电冰箱停用后，压缩机内的润滑油会沉底发粘，机内各部件都处于干涸状态。来年再开机时，会使压缩机启动困难，启动后磨损严重，影响电冰箱使用寿命。因此，不能为了省电，就停用电冰箱，让它"冬眠"。

12

答案：C 红灯。我们在夜间能看见东西，主要是因为我们的眼睛中有一种叫做视紫红质的感光物质存在，而红灯对视紫红质不起破坏作用。因此夜晚长时间工作或看电视时，点一盏小红灯，就不会影响视力。

13

答案：A 一定。纸虽然是可以燃烧的东西，但是必须把它加热到可以燃烧的温度，它才会燃烧。而纸杯中的水吸走了纸上的热，帮助纸把热散掉，而水温随之升高，水温达到100℃时就开始沸腾，在正常大气压下，水温不会再升高，因此在水蒸发干以前，纸都达不到可以燃烧的温度，纸就不会燃烧起来了。

14

答案：A 补充氧气。扇子扇炉火，就会越扇越旺，而扇蜡烛却一扇就灭，这是有原因的。用扇子扇风，会同时有两个作用，一个是补充氧气，帮助燃烧，一个是降低温度不利于燃烧。扇子扇炉火会越扇越旺，而扇蜡烛却能一下就扇灭，就是这两种作用产生的不同效果。炉火热量大，温度高，远远超过煤炭的燃点，所以扇子给它扇风，虽然会带来一些冷空气，赶走一部分热空气，但是这对炉火来说是微不足道的，而扇子带来的氧气，却能大大帮助炉火燃烧。对于蜡烛来说，火焰小，热量少，扇子一扇，带来的冷空气就可以把蜡烛那点热量都赶走了，烛火突然下降到蜡烛的燃点以下，蜡烛就立即灭了，扇子送来再多的氧气也没有用。

15

答案：C 手与铁接触的部分结冰了。冬天室外气温很低，这时室外铁的温度会和气温一样。当你身体上有大量水分的部位接触到这些金属时，两者温差很大。铁是热的良导体，它会迅速传走接触部位的热量，使得手与铁接触部分的温度迅速降到零度以下，皮肤表面的水结成了极薄的一层冰，手就与铁冻在一起了。人就感觉到手好像粘在铁上了。知道了这些原理，你也就有了解救的方法：别着急，一直等下去，因为身体其他部位是热的，过一会儿，身体的热量就会渐渐地把冰融化，那时你就没有危险了。切记：千万不要在结冻时用力拉，那样会把你的皮肤拉伤的。

16

答案：C 9月。二十四节气是我国劳动人民独创的文化遗产，它能反映季节的变化，指导农事活动，影响着千家万户的衣食住行。其中秋分的"分"为"半"之意，太阳在这一天直射赤道，将一天24小时昼夜均分，秋分之前是昼长夜短，而秋分之后则昼短夜长。

17

答案：B 不一样。一般的温度计的玻璃管内径大小是一样的，而体温计的玻璃管内径在水银柱和水银球相接的地方做得特别细。当我们把体温计放在口腔里或腋窝时，水银球里的水银受热膨胀，从这个很细的通道挤到水银柱里去。当体温计离开人体的时候，水银柱里的水银遇冷收缩和水银球里的水银在从接口处断为两截。水银柱里的水银因其本身的内聚力不会向下流，水银球里的水银也没有那么大的力气穿过接口，所以我们就能看到正确的体温了。

18

答案：B 不能。滑冰时，在冰与冰鞋相接触的地方，因为受到冰刀的压力，冰的熔点暂时下降。加上冰刀滑行时与冰摩擦产生的热，会使冰的表面融出一层薄薄的水，这层水就起了润滑作用。这样我们就能在冰上欢快地滑行了。可是玻璃在常温下是不会融化的，玻璃和冰刀之间就没有了润滑油，因此我们在玻璃上不能像在冰上一样滑行。而且玻璃很脆，容易被冰刀压裂，所以，玻璃上不能滑冰。

19

答案：A 3。全球定位系统最先是美国在1994年建成的，是具有能在海、陆、空进行全方位的导航与定位能力的新一代卫星导航与定位系统。全球定位系统由空间部分、地面监控部分和用户接收机3大部分组成。

20

答案：B 不能。放大镜可以将任何东西放大几倍、几十倍甚至上百倍。但是却不能够将角放大，这是因为：第一，我们知道，角是由两条射线组成的，而且这两条射线的位置是不变的。水平的永远是水平的，倾斜的永远是倾斜的。两条射线之间的张开程度是不变的，所以角的大小也没有变化。第二，放大镜只能把东西的各部分成比例的放大。因此，放大后的东西形状和以前是一样的，我们称为相似形。根据几何学定理，相似的对应角相等，可见放大镜下的角和书面上的角是一样大的,并没有被放大。

21

答案:A 能。我们看到黑黑的、软软的石墨变成了洁白的、坚硬的金刚石,觉得很不可思议,其实这是由于石墨内部的晶格结构和化学键都发生了变化。石墨分子的碳原子内的化学键,转变成金刚石中碳原子的化学键;使石墨的层状晶体结构变成了金刚石的立方和六方晶体结构。石墨内部这种化学结构的变化,导致了它本身性质的变化,最终变成了金刚石。

22

答案:B 黏合剂。飞机上有些零件是用黏合剂固定的,不用怀疑它们的稳固性,它们要比用螺丝和焊接的还稳固呢。黏接的过程一般是固化现象,从物理作用上说,就是从液态变成固态。在转化的过程中,胶中需要加入其他物质或减少物质。比如,液体的胶水涂在物体的表面,胶水里的水必须蒸发后才能变成固体,这样就可以把需要连接的两个物体固定在一起了。

23

答案:A 臭灰岩。在四川省射洪县金华镇上有座出名的小寺庙,这个"臭寺"因臭石而远近闻名。这块臭石呈灰色,有1米多高,它看起来与平常石头无异,平时闻起来也没什么异味。但如果用铁棒等硬东西敲击它的话,就会散发出臭鸡蛋味,如果敲击停下,这块石头也会随之停止分泌臭味。这是因为臭石是块海洋生物灰岩,呈致密的块层状。它的主要成分是碳酸钙,还含有沥青和少量的燧石结核。用坚硬物击打臭石时,里面的沥青会发生化学反应,反应后生成一种有臭鸡蛋味的气体。在地质上,这种石灰岩叫"臭灰岩"。

24

答案:C 网络。1994年,美国对"信息高速公路"的建设进入实验阶段,标志着多媒体时代的到来。"信息高速公路"的"路"是指光纤电缆构成的网络,在高速路上跑的"车"是集电脑、电视、录像、电话等多种功能于一体的多媒体机。

25

答案:A 减少噪音。首先是为了减少噪音。坦克里面装了大功率的发动机和各种传动机械,而坦克内部空间很小。战场上,机器的声音轰鸣声和坦克发射炮弹和机枪的声音都散发在小小的坦克内,那噪音让人听不见任何其他声音,使人心烦意乱。戴上坦克帽以后,就可以把这些声音隔绝在外了。其次，戴坦克帽是为了进行车内通话和对外通信联系。坦克帽上都有耳机和喉头送话器。喉头送话器装在坦克帽的扣带上，戴上坦克帽后它正好贴在喉头两侧。坦克乘员说话时，它能将喉头部分的振动转变成电信号，然后通过导线送入车内的通话系统，从而有效地防止噪音对话筒的干扰。车内的通话系统与车内对外联络的无线电台连在一起。因此坦克乘员很方便和外界联系。最后，坦克帽还有一项最基本的用途，就是保护驾驶员的头部。

26

答案：A 能。水雷主要是沉在水底或水中用于轰炸水面舰艇、潜艇的。但是有一种水雷是专门对付反潜直升机的。这种水雷平时躺在水底一动不动。因为它身上除了装有炸药外还装有噪音接收器和发动机，当反潜直升机飞来时，它便能接受到反潜直升机发出的轰鸣声。然后，它就立即接通电源，启动发电机，把水雷推向反潜直升机。反潜直升机在毫无准备的情况下，立即会被炸得粉碎。

27

答案：C 吸收。隐形飞机之所以能够隐形，首先是飞机制造上选用了先进的隐形材料。它是用铁氧体和绝缘体烧成的一种复合材料。它既不反射雷达波，又能够吸收电磁波。电磁波碰到它以后，转化成热能被吸收了。雷达收不到反射波，也就发现不了它。其次，隐形飞机还采用了一系列高新技，如降红外线辐射技术、降噪音技术、电子干扰技术等。

28

答案：C 正方形。七巧板是用一块正方形的木板或厚纸分作七块制成的，用这七块板可以拼成很多字或者各种物体的形状，因此又叫它"益智图"。我们在玩七巧板的时候，会注意到无论我们把它拼成什么形状，七巧板的大小面积总是不变的。这在几何学中就叫做等积变换，七巧板就是通过这种变换，利用我们想象的巧妙组合，刻画出各种不同物体的轮廓的。

29

答案：A 能。人类在设计机器人时给它安装了模仿人视觉器官的"视觉系统"。它的眼睛就是一台小型摄像机，实际上是由电脑系统来控制的。机器人看到东西，先让摄像机把物体拍摄下来，再将图像转变成电信号传送给电脑，由电脑对之进行识别，然后可能做出相应的反应。但是，机器人只能够根据人们的程序设计进行相应的活动，而不能像人脑那样可以自己分析事物。

30

答案：A 可以。陶瓷本身是易碎物品，它是怎么做剪刀和锤子的呢？原来科学家最新研制出了一种打不碎的韧性陶瓷，他们在一种含氧化锆的陶瓷中添加了一些化学粉末，经过高温烧制后，陶瓷里生成了立方晶体和四方晶体。当这种陶瓷受到外力时，四方晶体会变成一种单斜晶体。由于晶体的体积增大，阻止了陶瓷原有的细小裂纹扩展，所以陶瓷就不会破裂了。还有人把这种韧性陶瓷叫做"陶瓷钢"。

31

答案：A 水。大家都知道金属、水都是可以导电的，人体能够导电是因为在人体内含有大量的水，血液、淋巴液、脑脊液等的主要成分都是水，人体的每个细胞里也充满着水，一个人的体重有70％都是水，因此，人体是可以导电的。

32

答案：A 形变。皮球落在地面上，由于自身的重力与地面的反作用力，使皮球发生形变，产生弹力，因此，皮球就从地面上弹了起来。皮球运动到一定高度，由于万有引力，又向下落回地面，再发生形变，就又弹了起来。

33

答案：B 不能。每个圆都有一个圆心，圆心到圆周上任何一点的距离都是相等的。这相等的距离，就叫做半径。如果把车轮做成圆形，车轴安在圆心上，当车轮在地面滚动的时候，车轴离开地面的距离总是等于车轮半径。因此，车厢里乘坐的人感觉很平稳。假设这车轮变了形，已经不成圆形了，轮缘上高一块，低一块的，也就是说从轮缘到轮子圆心的距离不都相等，那么，这种车子走起来，一定会很颠簸，人就感觉很不舒服了。车轮做成圆的，也还有别的原因：滚动摩擦阻力比滑动摩擦阻力小，这样车子要移动就可以少费力，从而节省燃料。

34

答案：B 地基。火车非常沉重，如果让火车像汽车那样在地面上直接行使，一般的路面都难以承受那样的压力，而轨道下架设枕木就降低了火车对地基的压强，这样就保护了地面。

35

答案：A 能。鸟儿的质量和体积虽然很小，在空中飞行的速度也不是很快，但是鸟儿能把正在飞行的飞机撞坏。因为当鸟儿和飞行的飞机相撞时，飞机的速度很快，而鸟儿是迎着飞机飞的，相对飞机来说鸟儿的速度就是鸟儿本身的速度加上飞机的速度。这样相加，那对飞机来说，鸟儿的速度就非常大了。科学家们计算过，一只鸟儿和一架时速是960千米的飞机相撞，鸟儿对飞机的撞击力，绝不亚于一颗重型炸弹对飞机的威胁，所以一只小小的鸟儿也会撞坏飞机的。

36

答案：B 逆水抛锚。使轮船逆水靠近码头，就可以利用水流对船身的阻力，而起一部分"刹车"作用，使船速降低，这样就可以方便平稳靠岸。另外，也是由船的形状所决定的。造船时，为了使船在水中行驶时减小阻力，一般都把船造成船头尖、船尾大。当船在逆水的时候，船头朝着水流方向，这样水的冲力随着船头分成两个分力，船头受到的冲力就很小。铁锚又在船头上，它完全可以稳住船身。还有，逆水抛锚时，当锚下水，船就顺着水流倒退，正好使锚紧抓海底，驾驶也非常方便。水流越大，锚越能抓住。如果船在顺水方向抛锚，由于船尾大，受到水的冲力大，会把船推进，不容易稳住船，甚至会使船旋转，这样容易使锚翻转，

影响锚的抓力。因此，在一般情况下，都是逆水抛锚的。

37

答案：C 石棉。消防员的消防衣不怕火，是因为消防衣是用石棉做成的。石棉做的衣物在1000℃的高温下，也不会被烧着。所以消防员能够冲进火灾现场进行救火。

38

答案：B 下雪后。在冬季，冷空气一股一股从北方向南移动，当它与从南方来的暖湿空气相会时，就会阴云密布，产生降雪。在下雪以前，冷空气的势力一般比较弱（因而风也很小），当冷空气势力加强时，暖湿空气被上抬成云。天空布满了云层，像盖了一层被子一样，地面的热量不易散失掉，并且水汽在凝结成雪花的过程中会放出热量。所以，在冬天降雪前和降雪时人们不会感到很冷。而后，当冷空气势力继续加强，控制了当地时，就会雪停云消，天气转晴。这时，温度受冷空气的控制，一般多刮偏北风，又由于失去了云层的保温作用，加上融雪时会从空气中吸收热量，气温就会随之下降，人们自然就会感到天气更加寒冷了。

39

答案：C 皮革。因为皮革是由动

物的毛皮制成的，其中含有大量的脂肪，而海水中的盐分正好对其有腌蚀的作用，时间长了，它就会慢慢地被腐蚀掉。

40

答案：B 沙漠。因为地震大都发生在板块交界处，而其他地理的形成都是板块交界的结果，唯独沙漠地区的形成跟板块交界无关，这说明该地区地壳块板结构较稳定，没有大起大落的地壳块板活动。当然地震发生的可能性也就会相对比较少。

41

答案：A 有利。夏季，雷阵雨到来之前，天空中常会出现闪电雷声，它对农作物大有好处。雷鸣电闪是农作物的"天然肥料"，雷电发生时，空气中的氮和氧合成易被植物吸收的氮肥，氮肥是庄稼生长的好肥料，没有肥料庄稼是长不好的。另外，雷电的轰鸣所产生的巨大声波，还能震松土壤，促进土壤中的有机肥的分解，便于农作物吸收。同时，空气中的一些细菌和植物病毒也会在雷鸣闪电中死掉，大大减少了病虫害的发生。经过电闪雷鸣后，植物的生长特别旺盛，如果在作物的生长期内有几次雷电，农作物就可能提前一周成熟。

42

答案：A 冷烫精。理发师用专门的烫发药水，可以使头发变得柔软易于弯曲，这种药水叫冷烫精，是一种化学还原剂，主要成分是硫代乙醇酸铵。用冷烫精烫发既科学又安全。冷烫精与头发发生反应后，使头发中的胱氨酸对头发分子凝固作用减少，头发分子的自由度变大了，头发就显得柔软易于弯曲了。此时，理发师可按需要，将头发卷出各式各样的发型。

43

答案：B 牛奶。列宁被关在狱中时，曾用牛奶给外面的革命友人写信。这种一般人肉眼看不见，摸不着的字必须经过轻微加热烘烤使之碳化后，才能看到写的内容。所以说，牛奶就是早期秘密墨水的一种。很早以前，古希腊人就发现用胡桃、栗子等坚果可以制造秘密墨水，早期的秘密墨水除了牛奶，还有柠檬汁、生物体血液等天然有机物。

44

答案：A 暗绿色。"饮酒与否测试卡"的卡片是用一张干净的白纸，在白纸上涂上一层薄薄的胶水，然后用干毛笔将事先研碎的三氧化铬粉末，轻轻均匀地洒在上面，喝酒的人，尤其是刚喝过酒的人，呼出的气体必然会含有一定量的酒精。这样，卡片上的三氧化铬与呼出的酒精相遇，必然会使棕红色的试纸变成暗绿色的。这样，就可以鉴别驾驶员喝酒与否了。

45

答案：C 拿破仑三世。在古时候，人们只有抬头看天空才能知道天气将会怎样变化。在1854年11月4日，一阵暴风将英法联军的军舰疯狂地摔到海岸的岩石上，顷刻之间一个战无不胜的庞大舰队就消失了。法国皇帝拿破仑三世非常震怒，于是命令巴黎天文台调查这件事。一个叫勒威耶的天文学家发现这次事故是由大西洋上传来的低气压引起的。此后，在皇帝的命令下建起了气象观测网。他们利用电报传送气象信息，绘制天气图，进行天气预报。从此，天气预报开始发展了起来。

46

答案：A 热空气。这些影子其实是由热空气产生的，热空气是无色透明的气体，它之所以会产生影子，是因为热空气和水蒸气与冬天周围的冷空气产生对流，空气密度变得不均匀，使得光线透过它们时，不能沿直线传播，而发生不断变化的折射，即曲线传播，于是形成了波纹状晃动的影子。

47

答案：C 二氧化碳。我国云南的石林，桂林的七星岩山洞，还有浙江的瑶琳仙境洞，都是我国著名的旅游景观。游人们来到这里，看到那耸然挺立的石林，那拔地而起的石笋，还有那洞中垂挂着的姿态各异的钟乳石，犹如步入仙境一般。其实，这都是二氧化碳的功劳。当二氧化碳溶解在水里时，便与水发生了化学反应，生成一种不溶于水的石芽。随着二氧化碳不断与水反应，石芽就会越长越大。时间久了，就会在山洞顶部形成钟乳石，在地下形成石笋了。

48

答案：C 物体排开液体。现代的大轮船都是钢铁造成的，钢比水重7倍多；船里所载的货物，如粮食、机器、建筑器材等也都比水重得多，为什么船载了这么重的东西还能漂浮在水面上呢？原来，浸在液体里的物体，要受到向上的浮力，其大小等于物体排开液体的重量。钢的比重大，实心的钢块在水中自然是会沉下去的，但在造大轮船时，并不是把钢块堆积起来，而是使轮船中的大部分是空的。

49

答案：A 凹凸不平。如果用平面玻璃做汽车的灯罩，光线通过玻璃时只能发生直射，夜间车两旁的路面会因灯光昏暗而看不清，加上汽车本身晃动，容易使司机的眼睛疲劳。另外，如果用平面玻璃做汽车灯罩，当车灯照到迎面的行人、车辆时，对方会感到分外耀眼，看不清路面，也容易造成事故。而凹凸不平的玻璃，能使灯光比较柔和，扩大照射范围。

50

答案：A 内应力。液罐汽车一般被用来运输一些容易燃烧和挥发的液体，如汽油、柴油等，罐内必须留有一定空间，目的是防止液体受热膨胀，避免罐体受到过大的内应力而破裂。而罐内留有空隙后，车辆在行使中产生的跳动和机械振动，会引起液体的晃动，对罐内壁产生冲击力。如果罐体是圆形的，震动所产生的冲击波就会沿罐体的圆周方向均衡地分散到罐壁上，不会造成内应力过于集中，罐体破裂的现象。

51

答案：C 1986。电脑病毒是人为编制的一种有害程序，它能够影响电脑的正常运作，搅乱、改变或摧毁电脑中的软、硬件和资料。电脑病毒发作所造成的破坏程度大小不同，其影响小至可对屏幕的显示造成干扰，大到导致电脑失灵、使内存资料受到损坏。1986年，可使电脑操作受到影响的电脑病毒首次被人发现。此后，电脑病毒的数目不断增加。

52

答案：B 镍镉电池。计算机开着时其电源会给时钟供电，计算机在关机时，电源被切断，但里面的时钟仍能正常工作，这是因为计算机内部的主机板上装有一个可充电的镍镉电池，这块可充电的电池正常的电压是 3.6V。在电源切断后，它为时钟提供电源，维持时钟的正常工作，同时这块电池还为存放系统参数的 CMOS、RAM 供电，以保存其中的系统参数。

但如果连续两三个月不使用，那么电池中的能量就被大大消耗，得不到补充。一旦电池的电压降到 2.2V 以下，CMOS、RAM 中的数据便会丢失，计算机就无法启动，正确显示时钟也就无从谈起。

53

答案：A 数字设备。跨入信息时代，人们拥有越来越多的数字设备，随之而来的是布满办公室和居室的各种各样令人讨厌的线缆，这一切必然给人们的生活带来诸多不便。

爱立信公司在1994年开始研究移动电话的无线连接技术。1998年5月，数字设备的无线连接标准正式推出，并命名为"蓝牙"技术。"蓝牙"技术自1998年成为一项全球性的开发标准以后，已经有了快速的发展。

54

答案：C 电磁波。1946年，美国雷声公司的研究员斯潘瑟在一个偶然的机会，发现微波溶化了糖果，证明了雷达的微波辐射能引起食物内部的分子振动，从而产生热量。经过一番设计研究，第一台微波炉于1947年问世了。微波是一种电磁波，这种电磁波的能量比通常的无线电波大得多。它碰到金属就发生反射，还可以穿过塑料等绝缘材料而能量不减。但是，它的克星是水，微波遇到有水分的食物，不但不能透过，其能量反而会被吸收。

55

答案：C 国王的坟墓。金字塔是古代埃及国王的坟墓，是古埃及劳动人民智慧的结晶。金字塔建成于2600年前，是三棱锥形体，垂直高度是146.5米。建成以后，国王想知道自己的坟墓有多高，这在现在看是很简单的一件事情，可是在2600年前却是难以测量。

后来一个有名的学者法列士想了个方法，解决了这个难题。法列士是在他自己的影子等于自己的身高时才测量的。这时候，日光以45度的角度射向地面，那么由金字塔的顶点到塔底的中心点和阴影的端点之间组成的三角形是一个等腰三角形。这个等腰三角形的两端，即金字塔的顶点到塔底中心点的距离和塔底中心点到阴影端点的距离是相等的。塔底中心点到金字塔底端的长度法列士早就测量好了，就是金字塔底边的一半长。他又让人测出金字塔底端到阴影端点的距离，然后把这两个长度相加就得到阴影的距离了。这样，金字塔的高度就算了出来。

56

答案：A 乐器。去过寺院的人会发现里面的钟很多，但是敲起来，声音却不一样，有的清脆，有的浑厚，这是为什么呢？不同的钟，声音也是不一样的。有的低沉，有的清脆，而且当将大小不同的钟编成一组时，还能够演奏各种乐曲，这就是我国古代的编钟。

大家都知道声音是由物体振动

而产生的，不同的钟的厚度是不一样的，用同样力度敲击厚度各异的钟所产生的振幅也就不一样，所以产生的声音也是迥然有异的。

57

答案：B电流。在电线里，有像水流一样沿着线路流动的电流。当电路短路的时候，在很短的时间内会产生一个很大的电流，这样的大电流通过很细的电线，在一瞬间就会产生很高的温度，把裹在电线外面的绝缘体烧毁，产生火花。此时，倘若周围有可燃物或者易燃易爆物品，就会引发火灾，甚至爆炸事故。

58

答案：B有限的。电池之所以有电，是因为在电池里面有化学物质，当这些化学物质发生化学变化时，就会使化学能转变为电能。因为电池的容量是有限的，所以电池里的化学物质也是有限的。当化学物质用完时，化学能就会用完，所以电池所产生的电能是有限的。但是如果大家注意的话，就会发现电池用完了，放一段时间后又会有电，这是因为电池使用后期，电池内化学物质的吸收能力降低，使电池内阻增加，就像是河流中阻挡水流的石头变大，这样自然就致使电池内的化学反应速度降低，电池就不能用

了。放置一段时间，电池内的化学物质的吸收能力暂时有所转好，电池又能放电了，但是这是短暂的，电池会再次因为内阻增加而不能放电。因此这种放电的现象不会持久，电池很快就会彻底报废。

59

答案：A铝钛薄膜。太空棉其实不是棉花，它是一种保温性能极好的高技术材料。它之所以叫太空棉，是因为最初被用于缝制宇航员的太空服。

缝制服装的太空棉，由5层不同的材料结合而成。底层化学合成纤维腈纶绒，然后是非织造布、聚乙烯膜、铝钛合金薄膜和尼龙绸保护层。

太空棉能抵御寒气入侵，保护体温，主要是靠第二层铝钛薄膜起的作用，它能把人体散发的95%以上的热量反射回人体。热量出不去，冷气也进不来，体温自然能保持了。

60

答案：A纸。20世纪70年代以后，国外出现了用纸建造的房屋。这种用来建造房屋的纸是一类新型的合成纸，然后再经过特殊处理，把合成纸制成波纹状或夹层式纸板，外面涂上合成树脂和玻璃纤维，使其强度大大超过同样厚度的木板，

而且这种纸还能耐受高温、虫蛀和水浸。

用纸做的房屋还有一些优点：如果在空心的纸夹板外涂上聚氨酯涂层后，再做成墙壁，其保温隔热性比砖墙还好；如在合成纸中加入芳香族聚酰胺，不但重量轻，而且绝缘性极好，熔点也高达 400℃以上；如在纸板用料中加入硫，既能增加强度，也能提高防水性能。

第三章　人文难题

"文明以止，人文也。"——《易经》

"人文，人之道也。……人文，人理之伦序，观人文以教化天下，天下成其礼俗，乃圣人用贲之道也。"——程颐

人文原是指人的各种传统属性，广义来讲就是人类自己创造出来的文化。

1. 水电站　　∥分数：2分

目前世界上最大的水电工程是（　）

A　长江三峡水电站

B　阿斯旺高坝水电站

C　伊泰普水电站

2. 阿拉伯数字　　∥分数：2分

阿拉伯数字起源于（　）

A　阿拉伯

B　印度

C　罗马

3. 南美洲的国家　　∥分数：2分

南美洲哪个国家面积最大？（　）

A　智利

B　秘鲁

C　巴西

4. 烽火戏诸侯　　∥分数：2分

烽火戏诸侯是为博（　）一笑。

A　杨贵妃

B　赵飞燕

C　褒姒

5. 国鸟　　∥分数：2分

最早确定国鸟的国家是（　）。

A　法国

B　美国

C　中国

6. 花中西施　　∥分数：2分

在白居易的诗中被称作"花中西施"的是（　）花。

A　杜鹃
B　芙蓉
C　芍药

7. 灵芝草　‖分数：2分

灵芝草被西方人称为（　）。
A　神奇的东方仙草
B　万能的东方蘑菇
C　神奇的东方蘑菇

8. 养花须知　‖分数：2分

如果室内种植很多花，晚上应该把花（　）。
A　放在室内
B　放在室外
C　放在床头

9. 维生素的功效　‖分数：2分

维生素（　）又叫抗坏血酸，可以提高人体抗病能力。
（1）A
（2）B
（3）C

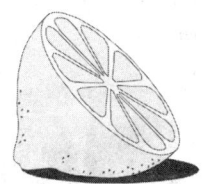

10. 五谷杂粮　‖分数：2分

五谷杂粮里的菽是指（　）。
A　花生
B　大豆
C　小米

11. 世界之最　‖分数：2分

世界上最大的树生长在（　）
A　英国

B 中国
C 美国

12. 加拿大国宝　∥分数：2分

加拿大的国旗和国徽上绘制的是（　）的叶子

A 糖槭树
B 松树
C 柳树

13. 圆周率之父　∥分数：2分

圆周率之父是中国伟大的数学家——（　）。

A 祖冲之
B 华罗庚
C 陈景润

14. 早期的水泥　∥分数：2分

最早使用水泥的是（　）人。
A 古埃及
B 古巴比伦
C 古罗马

15. 万园之园　∥分数：2分

被称为"万园之园"的古典园林建筑是（　）。
A 苏州园林
B 圆明园
C 颐和园

16. 印加文明　∥分数：2分

印加文明集中在哪个大陆？（　）
A 非洲
B 北美洲
C 南美洲

17. 黑旋风 ‖ 分数：2分

《水浒传》中的"黑旋风"指的是（ ）。

A 阮小七
B 鲁智深
C 李逵

18. 第一座核电站 ‖ 分数：2分

中国自行设计建造的第一座核电站是（ ）核电站。

A 秦山
B 大亚湾
C 阳江

19. 杂交水稻之父 ‖ 分数：2分

被称为"杂交水稻之父"的是（ ）。

A 袁隆平

B 邓稼先
C 李四光

20. 第一座长江大桥 ‖ 分数：2分

我国建成的第一座长江大桥是（ ）长江大桥。

A 武汉
B 芜湖
C 南京

21. 竹楼 ‖ 分数：2分

竹楼是我国（ ）的传统民居。

A 土家族
B 傣族
C 彝族

22. 最大的皇家园林 ‖ 分数：2分

我国现存最大的皇家园林是

( )。

   A 圆明园
   B 天坛
   C 颐和园

23．《诗经》 ‖ 分数：2分

  下列不属于《诗经》中的篇目的是：( )

   A 《关雎》
   B 《硕鼠》
   C 《山鬼》

24．曹氏作品 ‖ 分数：2分

  《龟虽寿》是( )的作品。

   A 曹操
   B 曹植
   C 曹丕

25．诸葛亮 ‖ 分数：2分

  诸葛亮的代表作是( )。

   A 《将进酒》
   B 《蒿里行》
   C 《出师表》

26．铁观音 ‖ 分数：2分

  铁观音是( )省的茶叶。

   A 浙江
   B 河南
   C 福建

27．湘绣 ‖ 分数：2分

  湘绣是( )省的刺绣产品。

   A 河南
   B 江苏
   C 湖南

第三章 人文难题

28. 人口最多的少数民族 ‖分数：2分

我国人口最多的少数民族是（ ）。
A 回族
B 壮族
C 维吾尔族

29. 傣族的节日 ‖分数：2分

下列不属于傣族节日的是（ ）。
A 泼水节
B 关门节
C 火把节

30. 李白 ‖分数：2分

唐代大诗人李白的字是（ ）。
A 乐天
B 太白

C 子美

31. 花甲之年 ‖分数：2分

花甲之年指的是（ ）岁。
A 50
B 60
C 70

32. 金婚 ‖分数：2分

男女结婚（ ）周年称为金婚。
A 50
B 60
C 70

33. 宗教最多的国家 ‖分数：2分

世界上宗教最多的国家是（ ）。

A 中国
B 印度
C 埃及

34. 白雪公主　∥分数：2分

在童话故事中，白雪公主一共被她的继母害了（　）次。

A 三
B 四
C 五

35. 七个小矮人　∥分数：2分

《白雪公主》中的七个小矮人是（　）。

A 农夫
B 矿工
C 猎人

36. 藏民的饮料　∥分数：2分

藏民生活中的主要饮料是（　）。

A 汽水
B 奶茶
C 酥油茶

37. 黄河大合唱　∥分数：2分

《黄河大合唱》是（　）的代表作。

A 聂耳
B 贝多芬
C 冼星海

38. 小背篓　∥分数：2分

歌曲《小背篓》是（　）演唱的。

A 彭丽媛
B 宋祖英
C 汤灿

39. 秦始皇兵马俑　　‖ 分数：2 分

秦始皇兵马俑是（　）省出土的文物。

A　山西
B　陕西
C　甘肃

40. 乔家大院　　‖ 分数：2 分

乔家大院是（　）省的典型民居。

A　山西
B　陕西
C　河南

41. 美国议员任期　　‖ 分数：1 分

美国议员任期通常多久？（　）

A　两年

B　四年
C　六年

42. 神农氏　　‖ 分数：1 分

中国古代的神农氏是（　）。

A　炎帝
B　尧帝
C　黄帝

43. 火把节　　‖ 分数：1 分

火把节是（　）族的节日。

A　苗族
B　彝族
C　侗族

44. 阿里巴巴和四十大盗　‖ 分数：1分

《阿里巴巴和四十大盗》中打开石门的咒语是（　）。

A　芝麻把门开

B　大豆开门

C　芝麻开门

45. 蒙娜丽莎　‖ 分数：1分

《蒙娜丽莎》是（　）的作品。

A　米开朗琪罗

B　达·芬奇

C　毕加索

46. 从百草园到三味书屋

‖ 分数：1分

《从百草园到三味书屋》是（　）的作品。

A　矛盾

B　鲁迅

C　巴金

47. 都江堰　‖ 分数：1分

都江堰位于（　）省境内。

A　河南

B　甘肃

C　四川

48. 狮子之城　‖ 分数：1分

（　）被称为狮子之城。

A　新加坡

B　泰国

C　马来西亚

49. 天线宝宝　‖ 分数：1分

下列哪个不属于天线宝宝中的人物：（　）

A　迪西

B　小波

C　东东

50. 长江七号　‖分数：1分

《长江七号》是（　）主演的电影。

　　A　刘德华
　　B　周星驰
　　C　梁朝伟

51. 使用最多的文字　‖分数：1分

世界上有五千多种语言，与之相对的文字也有很多，其中使用人数最多的文字是（　）。

　　A　罗马字母
　　B　英文字母
　　C　汉字

52. 唐代"鬼才"　‖分数：1分

唐朝诗人（　）的诗充满奇特、诡怪的联想，语言也显得怪异，瑰丽，因而被称为"鬼才"。

　　A　李贺
　　B　李白
　　C　李商隐

53. 中国人类遗址　‖分数：1分

中国发现的最早的古人类生存遗址在（　）。

　　A　北京周口店
　　B　云南元谋
　　C　陕西蓝田

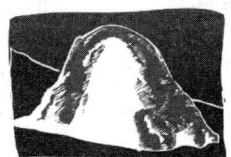

54. 皇帝之名　‖分数：1分

中国古代最高统治者"皇帝"一词是由（　）开始袭用的。

　　A　黄帝
　　B　秦始皇
　　C　汉武帝

55. 丝绸之旅　∥分数：1分

丝绸之路是西汉时期，汉武帝派遣（　）出使西域，联结西域诸国共同抵抗匈奴，从而开辟的一条通商之路。

A　班超

B　苏武

C　张骞

56. 马可波罗　∥分数：1分

元朝时，中国成为世界上最强大富庶的国家，（　）人马可·波罗随父亲来到中国四处游历，并出任了官员，回国后将见闻记录下来，写成了著名的《马可·波罗游记》。

A　突尼斯

B　威尼斯

C　热那亚

57. 古代奥运会　∥分数：1分

公元前776年，在希腊奥林匹亚的（　）神庙举行了第一次奥林匹克运动会。此后，每4年，古希腊人都要聚集在这里，举行盛大的运动会。

A　宙斯

B　雅典娜

C　波塞冬

58. 现代奥运会　∥分数：1分

法国著名教育家（　）是现代奥运会的奠基人、发起人，被誉为"现代奥林匹克之父"，终生倡导了奥林匹克精神。

A　萨马兰奇

B　福楼拜

C　顾拜旦

59. 五环的象征　∥分数：1分

现代奥林匹克运动会的标志五色圆环设计的最初意义，是因为这五种颜色包括了当时奥运会所有参加国（　）的颜色。

A　国旗
B　国徽
C　运动服

60. 中国奥运第一金 ‖ 分数：1分

中国从1932年第一次参加现代奥运会，但其后历经坎坷，直到1984年的洛杉矶第23届奥运会上才由运动员（　）获得了第一块奥运金牌。

A　许海峰
B　刘长春
C　李宁

答案部分：

第三章 人文难题

1

答案：A 长江三峡水电站。三峡工程是中国，也是世界上最大的水利枢纽工程，是治理和开发长江的关键性骨干工程，具有防洪、发电、航运等综合效益，总装机容量1820万千瓦。电站采用坝后式布置方案，设计安装26台70万千瓦发电机组，其中，左岸电站14台、右岸电站12台。

2

答案：B 印度。阿拉伯数字并不是阿拉伯人发明创造的，而是发源于古印度，是古代印度人民在生产和实践的过程中逐步创造出来的。后来被阿拉伯人掌握、改进，并传到了西方，西方人便将这些数字称为阿拉伯数字。以后，以讹传讹，世界各地都认同了这个说法。

3

答案：C 巴西。巴西联邦共和国位于南美洲东南部，国土面积8,547,403平方千米，同除智利和厄瓜多尔以外的所有南美洲国家接壤。国土面积约占南美洲总面积的46%，仅次于俄罗斯、加拿大、中国和美国，是世界第五大国。

4

答案：C 褒姒。西周时的昏君周幽王，因为他的宠妃褒姒喜欢看烽火，便经常命令手下点燃烽火来取悦他的爱妃。烽火本来是用来通报敌情用的，刚开始几次诸侯们看了烽火还以为是京城有敌情，等到跟前后发现是周幽王在闹着玩，就感到很无奈，等到后来京城真的发生敌情后，周幽王赶紧下令点燃烽火，结果没有一队兵马前来营救，那些诸侯还以为是像前几次那样闹着玩呢，所以也就没有当回事，结果周幽王因为随便点烽火而丧失了国家。

5

答案：B 美国。"国鸟"是象征一个国家的鸟。这个称呼最早来源于美国，由于美国特产的白头海雕受到各方面的危害快要绝种，于是，在1782年6月20日，美国的议会把白头海雕定为国鸟，号召国民树立保护鸟类的意识。从此以后，其他国家纷纷效仿。

第三章 人文难题

6

答案：A 杜鹃。"花中西施"出自诗人白居易的诗句"花中此物是西施，芙蓉芍药皆嫫母"。这句诗的意思是杜鹃乃花中西施，相比之下，芙蓉和芍药都成了老太婆。

7

答案：C 神奇的东方蘑菇。灵芝，全名是灵芝草，但它却是一种真菌植物，是一种珍贵的中药药材。灵芝自古以来被称为仙草、瑞草、瑶草、还阳草，并被西方人昵称为"神奇的东方蘑菇"。灵芝入药，对神经系统、血液循环系统和呼吸系统都有很大作用，具有补气益血、平喘止咳、安神、护肝、抗菌等功效，灵芝还对恶性肿瘤，也就是我们所说的癌症有特殊功效。因此，灵芝被人们称为"仙草"。

8

答案：B 放在室外。如果在室内养有太多的花，晚上需要把它们搬出去。因为这些花在白天会进行光合作用，增加空气中的氧气，但是晚上没有阳光时，它们就会和人一样，呼出二氧化碳，吸进氧气。这样，人们就会缺氧而感到气闷的。

9

答案：(3) C。维生素C又叫抗坏血酸，能使人筋骨强健，提高人体的抗病能力，是维持人体正常活动不可缺少的营养物质。正常情况下，成年人每天需要维C50～100毫克，幼儿需要30～50毫克，哺乳期的女人需要150毫克。人体内的维生素主要是从新鲜的蔬菜和水果中吸取的。由于维C不能在身体内积累，所以我们需要每天吃适量的蔬菜和水果。

10

答案：B 大豆。五谷杂粮中的五谷通常有两种说法：一种是稻、黍、稷、麦、菽；另一种是黍、稷、麻、麦、菽。稻、黍、稷、麦、菽、麻是中国传统作物，这六种作物中只有麻不是粮食作物。其中麻指大麻、亚麻、苎麻、黄麻、剑麻等植物的统称，是纺织工业的重要原料，稻是大米，黍是黄米，稷是谷子，菽是大豆，麦就不用解释了吧。

11

答案：C 美国。在美国加利福尼亚州国家公园里，生长着一株名叫谢尔曼将军的巨杉，它是面前世界上最大的树，它的树龄已有3500年，树高达83米，树围31米，高出地面40米的第一支树杈，都有2米直径，此树总重量约6000吨！曾经有人做过计算，如果用它做一个特大号木箱的话，可以装下世界上最大的远洋客轮。能让汽车通过的那株树叫"瓦武隧道"，1881年开通后，世界各地的游客们慕名而来乘车经过树洞。人们来到这个树洞，就像来到了一个几十米长的防空洞,而那树根活像一堵高大的隧道!

12

答案:A 糖槭树。糖槭树又名糖枫树,是枫树的一种。糖槭树液浓缩的糖浆营养价值可以与蜜糖媲美,具有润肺、开胃的功效。糖槭浆还是食品加工的珍贵原料,常用于制作糕点和冷饮,也可以加工成各种软糖和硬糖。加拿大是世界上产槭糖最著名的国家,加拿大人把糖槭树视为国宝,在国旗、国徽上都绘有糖槭树的叶子。

13

答案:A 祖冲之。祖冲之在1500多年前就确定了圆周率在3.1415926和3.1415927之间。西方人直到1000多年后,才有这样的认识。祖冲之还提出了圆周率的近似值为355/113,与圆周率的真值相差不到万分之一,称为密率,又叫祖率。他也因此被称作"圆周率之父"。

14

答案:C 古罗马。最早使用水泥的是古罗马人,他们把火山灰、黏土、石灰加水搅拌起来做水泥,建造了雄伟壮观的神庙和大剧场。

15

答案:B 圆明园。圆明园建于清代,是我国园林史上乃至世界园林史上的一座不朽的丰碑。圆明园由圆明、长春、万春三园组成,不仅荟萃了许多江南名园的胜景,还集纳了许多欧洲园林建筑艺术的精华,堪称中西合璧的杰作。圆明园以它的宏伟瑰丽久负盛名,让很多西方人都为此叹为观止,称它为"万园之园"和"东方博物馆"。

16

答案:C 南美洲。印加文明是在南美洲西部、中安第斯山区发展起来的著名的印第安古代文明。在南美洲古代的印第安人文明中,印加是其最高统治者的尊号,意为太阳之子。它的影响范围北起哥伦比亚南部的安卡斯马约河、南到智利中部的马乌莱河,全长4800千米,东西最宽处500千米,总面积达90多万平方千米,人口超过1000万。15世纪起势力强盛,16世纪初由于内乱日趋衰落,1532年被西班牙殖民者灭亡。

17

答案:C 李逵。"黑旋风"是《水浒传》中梁山泊好汉李逵的绰号,"黑旋风"是用来形容李逵身上的一些可贵品质的,比如他的率真、豪爽、敢作敢为等,但其言谈举止中也暴露出明显的性格缺陷,他做事就像一阵旋风刮过一样雷厉风行,可是他同时又是个有勇无谋的人,这样的性格缺陷也导致了他后来的悲剧。

18

答案：A 秦山。秦山核电站是我国自行设计、建造和运营管理的第一座30万千瓦压水堆核电站，地处浙江省海盐县。它于1985年3月20日开工，1991年12月15日正式投入使用。秦山核电站的建成发电，结束了中国内地无核电的历史，实现了零的突破。标志着"中国核电从这里起步"，同时被誉为"国之光荣"。秦山核电站的建成，标志着中国核工业的发展上了一个新台阶，成为我国军转民、和平利用核能的典范，使我国成为继美、英、法、前苏联、加拿大、瑞典之后世界上第7个能够自行设计、建造核电站的国家。

19

答案：A 袁隆平。袁隆平是我国研究与发展杂交水稻的开创者，也是世界上第一个成功地利用水稻杂种优势的科学家，被国际上誉为"杂交水稻之父"。

20

答案：A 武汉。武汉长江大桥位于武汉市内，大桥横跨于武昌蛇山和汉阳龟山之间，是我国在万里长江上修建的第一座铁路、公路两用桥。它修建于1955年9月，于1957年10月正式建成通车，在这座桥梁的修建过程中，我国桥梁工作者采用了首创的新型施工方法，因此这座桥凝聚着我国桥梁工作者的智慧和精湛的工艺。

21

答案：B 傣族。生活在云南西双版纳地区的傣族算得上是最幸福的人，因为他们不仅居住在"竹"楼里，还吃着"竹"筒饭、喝着"竹"筒酒，真是比神仙还逍遥。在西双版纳，最令人怦然心动的就是那成片的竹林以及掩映在竹林中的一座座美丽别致的竹楼。从外形上看，它就像开屏的金孔雀，又好比翩然起舞的美丽少女，美丽的景致让人恍如梦中。

22

答案：C 颐和园。颐和园位于北京西北郊海淀区，距北京城区15千米。是利用昆明湖、万寿山为基础，以杭州西湖风景为蓝本，汲取江南园林的某些设计手法和意境而建成的一座大型天然山水园林，占地约290公顷，是我国现存规模最大，保存最完整的皇家园林，为中国四大名园（另三座为承德的避暑山庄，苏州的拙政园，苏州的留园）之一。被誉为皇家园林博物馆。

23

答案：C《山鬼》。《诗经》又称《诗》，后又以"诗三百"为代称。著名篇目《关雎》《氓》、《伐植》、《硕鼠》、《七月》。而《山鬼》则属于屈原《九歌》中的篇章。

24

答案：A 曹操。曹操，小名阿瞒，字孟德，死后追尊为魏武帝，是"三曹"之首，主要作品为《魏武帝集》。代表作有《苦寒行》、《龟虽寿》、《短歌行》、《观沧海》等。属乐府歌辞。开创了"建安风骨"新风。鲁迅称他是"一个改造文章的祖师"。

25

答案：C《出师表》。《出师表》是诸葛亮出师临行伐魏前写给后主刘禅的奏章，文中以恳切的言辞，劝说了后主要继承先帝遗志，广开言路，严明赏罚，亲贤臣，远小人，完成兴复汉室的大业，表达了诸葛亮对先帝的知遇之恩的真挚感情和北定中原的决心，全文倾注了诸葛亮对刘备父子的一片忠心。

26

答案：C 福建。铁观音，又称红心观音、红样观音，既是茶叶名称，又是茶树品种名称。是清雍正年间在福建省泉州市安溪西坪尧阳发现并开始推广的。它天性娇弱，抗逆性较差，产量较低，萌芽期在春分前后，停止生长期在霜降前后，一年生长期7个月。有"好喝不好栽"之说。因其产地在安溪，所以人们一般都会说成是安溪铁观音。

27

答案：C 湖南。湘绣是湖南长沙一带刺绣产品的总称，也是中国四大名绣之一（四大名绣分别是：苏绣、湘绣、粤绣和蜀绣），湘绣是起源于湖南的民间刺绣，并广泛吸取苏绣和广绣的优点发展而来的。

28

答案：B 壮族。根据2000年第五次全国人口普查统计，壮族人口数为16178811，占全国总人口比重的1.3%，是中国少数民族中人口最多的一个民族。他们大多分布在广西。其中云南有100万，主要聚居在文山州，红河、曲靖也有一部分。广东的连山、贵州的从江和湖南江华也分布有壮族。

29

答案：C 火把节。傣族的重大节日有泼水节、关门节和开门节，均与佛教有关。关门节和开门节是全年最大的斋赕时期，各地都举行盛大的"赕佛"活动和隆重的佛教典礼。大家都要按佛规向佛奉献食物、鲜花、经书、衣物和钱币，全社会活动带有浓厚的宗教色彩。泼水节是傣族重大的传统节日，是傣历新年。在节日里，傣族群众要举行泼水、赛龙舟、放高升等娱乐活动，期望从此驱走昔日的灾难和病魔，祈求新的一年风调雨顺，五谷丰登，人畜两旺。

30

答案：B 太白。李白字太白，号

青莲居士,唐代伟大的浪漫主义诗人。他的诗风豪放飘逸,想象丰富,语言流转自然,音律和谐多变。他善于从民歌、神话中汲取营养素材,构成独特而瑰丽绚烂的色彩,与杜甫并称"李杜",是历史上最伟大的诗人,又称为"诗仙"。

31

答案:B 60。在我国古代,先人们常用某些词语来表示年龄,如:弱冠:指男子二十岁,也称加冠;而立之年:三十岁;不惑之年:四十岁;知天命、知非之年:五十岁;耳顺、花甲之年:六十岁;古稀之年:七十岁;杖朝之年:八十岁。耄耋:八十、九十岁等。

32

答案:A 50。人们对结婚纪念日比较重视,下边是大家对结婚周年的一种常用的说法:第1年:纸婚、第2年:棉婚、第3年:皮革婚、第4年:水果婚、第5年:木婚、第6年:铁婚、第7年:铜婚、第8年:陶婚、第9年:柳婚、第10年:铝婚、第11年:钢婚、第12年:丝婚、第13年:丝带婚、第14年:象牙婚、第15年:水晶婚、第20年:瓷婚、第25年:银婚、第30年:珍珠婚、第35年:珊瑚婚、第40年:红宝石婚、第45年:蓝宝石婚、第50年:金婚、第55年:绿宝石婚、第60年:钻石婚、第70年:白金婚。

33

答案:B 印度。印度是世界上宗教最多的国家,印度宗教包括印度教、伊斯兰教、基督教、佛教、锡克教、耆那教。

34

答案:B 四。白雪公主的继母第一次让武士把白雪公主带到森林里处死;第二次扮成一个卖杂货的老妈妈,用胸带将白雪公主勒昏了;第三次扮成一个老太婆,用毒梳子为白雪公主梳头;第四次扮成一个卖苹果的农妇,让白雪公主吃了毒苹果。

35

答案:B 矿工。七个小矮人居住的地方是当地有名的矿石镇,而七个小矮人也都是众多矿工中的一员。

36

答案:C 酥油茶。藏族饮茶方式主要有酥油茶、奶茶、盐茶、清茶几种方式,其中,酥油茶是最受欢迎的茶,其次是奶茶。在西藏,在每个藏胞家庭,随处可见酥油。酥油是每个藏族人每日不可缺少的食品。藏族家庭里一天至少要饮三次茶,有的甚至多达十几次。简单地说,将特制的茶叶熬成汁,加以酥油、食盐和精制的香料,在茶桶中用茶杆搅拌成水乳交融状,即是酥油茶。

37

答案：C 冼星海。《黄河大合唱》是冼星海最重要的和影响最大的一部代表作。作于1939年3月，并于1941年在苏联重新整理加工。这部作品由诗人光未然作词，以黄河为背景，热情歌颂了中华民族源远流长的光荣历史和中华儿女坚强不屈的斗争精神，痛斥侵略者的残暴和人民遭受的深重灾难，广阔地展现了抗日战争的壮丽图景，并向全中国全世界发出了民族解放的战斗警号，从而塑造了中华民族巨人般的英雄形象。

38

答案：B 宋祖英。宋祖英是中国的女高音歌唱家，国家一级演员。曾毕业于中国中央民族大学音乐舞蹈系和中国音乐学院民族声乐研究生班。从事中国民族声乐演唱十几年中，创作演唱了近千首中国民族歌曲和大量中外艺术歌曲、歌剧咏叹调。她首唱的中国歌曲《辣妹子》、《好日子》、《爱我中华》、《大地飞歌》、《小背篓》等，深受人们的喜爱，被人们广泛传唱。

39

答案：B 陕西。秦始皇陵位于陕西省西安市临潼县城以东的骊山脚下。秦始皇兵马俑坑是秦始皇陵的陪葬坑，位于陵园东侧1500米处，由一号、二号、三号坑和兵马俑坑组成。展出的陶质陪葬武士俑和兵马俑共计8000个，排列成阵，气势壮观。俑分将军俑、铠甲俑、跪射俑、骑兵俑、武士俑、车兵俑、（驭手、兵士）弓弩俑、马俑等。坑内还出土有数万件实战兵器，馆内展出秦始皇大型彩绘铜车马，被称为"世界第八大奇迹"。

40

答案：A 山西。乔家大院位于山西省祁县乔家堡村，北距太原54千米，南距东观镇仅2千米。它又名在中堂，是清代全国著名的商业金融资本家乔致庸的宅第。始建于清代乾隆年间，以后曾有两次增修，一次扩建，经过几代人的不断努力，于民国初年建成一座宏伟的建筑群体，并集中体现了我国清代北方民居的独特风格。

41

答案：A 两年。美国宪法规定众议员的任期为两年，每两年全部改选一次。另外，参议员任期是六年（比美国总统的任期还长两年）。

42

答案：A 炎帝。神农氏是对中华民族有颇多贡献的传说人物之一，他除了发明农耕技术外，还发明了医术，制定了历法，开创九井相连的水利灌溉技术等。因为他发明农耕技术而号神农氏，因以火得王，故称炎帝、赤帝、烈（厉）山氏，同时也成了与黄帝相争天下的首领。

43

答案：B 彝族。火把节是彝族、白族、纳西族、基诺族、拉祜族等民族古老而重要的传统节日，有着深厚的民俗文化底蕴，驰名海内外，被称为"东方的狂欢节"。不同的民族举行火把节的时间也不同，大多是在农历的六月二十四日，主要活动有斗牛、斗羊、斗鸡、赛马、摔跤、歌舞表演等。

44

答案：C 芝麻开门。这个故事中，每次大盗们进入装满金币的山洞前，都要对着山门说句："芝麻，开门吧"，然后石门就自动打开了。

45

答案：B 达·芬奇。达·芬奇是意大利文艺复兴时期最负盛名的美术家、雕塑家，《蒙娜丽莎》是他的代表作，作品中蒙娜丽莎用她独特的微笑征服了全人类，使得作品因此而誉满全球。

46

答案：B 鲁迅。这篇文章节选自鲁迅先生的散文集《朝花夕拾》，是一曲谱写鲁迅先生幼年往事的优美乐章。在这样一篇脍炙人口的散文中，作者以如诗的笔触游刃有余地为人们描绘了一个妙趣横生的童心世界。

47

答案：C 四川。都江堰坐落于四川省都江堰市城西，位于成都平原西部的岷江上，是李冰父子于公元前256年设计创建的，是全世界迄今为止，年代最久、唯一留存、以无坝引水为特征的宏大水利工程。属于全国重点文物保护单位。

48

答案：A 新加坡。新加坡在马来语中意为"狮子之城"。关于这个名称，还有一个美丽的典故，一位据说是苏门答腊室利佛逝王国的王子，路经新加坡时发现了一头狮子，便认为这是块吉祥之地，遂决定在这里建国，并把它命名为"信诃朴罗"，音译为"新加坡"。

49

答案：C 东东。《天线宝宝》英国BBC制作的王牌婴幼儿节目，风靡全球40多个国家，这套节目涵盖了儿童的所有身心发展特点，能够让婴幼儿在语言、智力、动作各方面得到最好的指导！其中的人物是四个天线宝宝，他们分别是：丁丁、迪西、拉拉、小波。

50

答案：B 周星驰。《长江七号》是由被称为"喜剧之王"的香港著名影星周星驰主演的，这部作品的创作灵感得益于神舟六号载人飞船的成功发射，也是周星驰本人转型后主演的第一部电影。

51

答案：C 汉字。全世界已知的有5600多种语言，与之相对的文字种类也有很多，那么，世界上使用人口最多的文字是什么呢？这就是我们中国的汉字了。汉字从形成到现在，至少经历了4500年的时间。3000年前的甲骨文已经能够完整地记录语言，形成一套完整的文字体系。在以后的数千年发展过程中，汉字由繁到简，符号性越来越强。

汉字虽然古老，生命力却很强，是目前世界上使用人口最多的文字，我国有10亿汉族人使用汉字，新加坡等国也在使用汉字。

52

答案：A 李贺。李贺从小就天资聪颖，而且勤奋好学。他读书和作诗都非常用功。此外还经常出门游览，寻找写诗的素材。他总是一边观赏植物，一边思考诗句。李贺常常随身带着一个布囊，每当他想到奇妙的句子，就会立刻拿出纸笔记录下来，而后投入布囊中，回到家中再认真整理。只可惜他只活到27岁就死了。人们赞叹他的才华，于是就传说："李贺其实没有死，因为他的诗感动了天帝，天帝特招他去天宫作诗呢！"

53

答案：B 云南元谋。1965年，云南的元谋县那蚌村的附近发现了"元谋猿人"。其原因是发现有猿人的左、右上内侧门齿两颗，这两颗门齿属同一青年的。后来在元谋猿人化石所在的褐色黏土层里，发现了用石英岩所打造的刮削器共4件，而且在这个地方还采集到了其他的石制品也有十几件。并发现在厚约3米的3个地层中零星散布着炭屑，这些是否是人工用火的遗迹，现在尚不能肯定。和元谋猿人化石一起发现的还有多种哺乳动物的化石。这些哺乳类动物有许多是食草类的。一般估计，元谋猿人距今大约有170万年左右了，是我国距今为止发现的最早人类。

54

答案：B 秦始皇。中国古代数千年皇帝掌握国家至高无上的权利。"皇帝"的称呼从秦始皇时期开始，之前国家的最高统治者，被称为"王"，或者单称作"皇"和"帝"。如周文王、周武王、三皇、五帝等。春秋战国时代，王室衰弱，一些国力强大的诸侯国的国君也自称为王。如齐王、楚王、秦王等。

秦王嬴政统一天下以后，自认为这是自古未有的功业，甚至连三皇五帝也比不上他。如果不改变"王"的称号，"无以称成功，传后世"。于是让李斯等人商议改称号。他们和众博士商议后报告秦王说："上古有天皇、地皇、泰皇，可改为泰皇"。秦王经过反复思考，认为自己"德高三皇，功高五帝"，决定去"泰"留"皇"，再加上"帝"的称号，为"皇帝"，并自号"始皇帝"，从此，"皇帝"的称号被历代君主袭用。

55

答案：C 张骞。汉朝初年和匈奴实行和亲政策，但匈奴还是经常侵犯汉朝的边境。汉武帝派遣张骞出使西域，去联结匈奴西边的大月氏国共同抵抗匈奴。在他的指引下，汉朝军队打败了匈奴，控制了通往西域的河西地区。后来汉武帝再次派张骞出使西域，开辟了一条以长安为起点，以罗马为终点的通商之路，就是世界闻名的"丝绸之路"。丝绸之路绵延7000多千米，横跨亚洲大陆，并度过地中海，连接起三大洲。通过这条路，我国的四大发明、土特产和一些先进的技术传到了西方，而西方的特产和文化也通过这条路传到了我国，如希腊的绘画和印度的佛教。从而使东西方的经济和文化得到很好的交流，对世界文明的发展产生了巨大的影响。

56

答案：B 威尼斯。元朝时，西方各国的使者、商人、旅行家纷纷来到强大富庶的中国。公元1275年，威尼斯人马可·波罗一行受到了元世祖的热情款待。后来，他留在朝廷里做官，在中国住了17年。因为马可·波罗每到一处就把当地的风俗人情详细记录下来，汇报给元世祖，所以凡有外出考察任务，都派他去。

公元1292年，马可·波罗随叔父一起回到了家乡威尼斯，在当地引起轰动。紧接着，威尼斯和邻邦热那亚发生战争。威尼斯战败，马可·波罗被俘关在监狱。在狱中，他写成了著名的《马可·波罗游记》。

57

答案：A 宙斯。在古希腊，城邦之间经常发生战争，需要大量体魄强健的士兵，因此古希腊人都十分重视体育运动，并经常举行竞技比赛。公元前776年，在希腊奥林匹亚的宙斯神庙举行了第一次奥林匹克运动会。此后，每4年，古希腊人都要聚集在这里，举行盛大的运动会。

古代的奥林匹克运动会一直延续了1170年，共举行了293届。在中断了1500年之后，1896年，在希腊的雅典举行了第一届现代奥林匹克运动会。还是每隔4年举行一次，今天，奥运会已成为世界上最重要、规模最大的体育盛会。

58

答案：C 顾拜旦。1892年，在庆祝法国体育运动协会联合会成立三周年的大会上，顾拜旦首次公开倡议复兴奥林匹克运动会。1893年，他又在巴黎召开国际性会议，促进奥运会的复兴。1894年6月18日至24日，在巴黎召开了国际体育大会，大家一致通过了恢复奥林匹克运动会的决议。并决定于1896年，在希腊举行第一届现代奥运会，以后每4年举行一次。在这次会上，成立了国际奥林匹克委员会，顾拜旦被选为秘书长。1896年，他接任国际奥委会主席，同年领导了第一届奥运会。

顾拜旦连任奥委会主席29年，1925年主动让位。1937年，他在临终前夕，嘱托家人，在他死后，将他的心脏埋在古希腊运动会的发祥地——奥林匹亚，让他的心永远和奥运会、奥林匹亚精神一起跳动。

59

答案：A 国旗。现代奥运的标志五色环分别用"蓝、黑、红、黄、绿"五种颜色的圆环表示。上面三个环是蓝色、黑色、红色，下面两个环为黄色、绿色，自左至右依次排列。

当年顾拜旦设计这个五色环，是因为这五种颜色包括了当时奥运会所有参加国国旗的颜色。1979年，国际奥委会在其出版物《奥林匹克杂志》上正式指出：根据奥林匹克宪章，五色环的含义是象征五大洲的团结，蓝色代表欧洲、黑色代表非洲、绿色代表澳洲、红色代表美洲、黄色代表亚洲。以及全世界的运动员以公正、坦率的比赛和友谊的精神在奥林匹克运动会上相聚。

60

答案：A 许海峰。1932年，中国首次派运动员参加洛杉矶第10届奥运会，仅刘长春1人参加了赛跑。

新中国成立后，于1952年参加了赫尔辛基第15届奥运会。但由于一些阻挠，中国奥委会与国际奥委会在1958年中断了联系。直到1979年11月，中国的政治地位和体育水平都有了很大提高，国际奥委会终于恢复了中国的合法席位，使中国运动员重返奥运赛场。在1984年洛杉矶第23届奥运会上，中国运动员一举夺得15枚金牌，从此扬威世界。在这届奥运会举行的第一天，中国射击运动员许海峰一举夺得了中国人参加奥运会的第一枚金牌，实现了"零的突破"。

2001年，中国北京成功地申办了第29届奥运会，并在2008年8月将此届奥运会举办得非常成功，为奥运史写下了新的篇章。

第四章　发明难题

指南针、火药、造纸术、活字印刷术是我国古代四大发明。

发明是遵循、运用自然规律，创造出更加先进、有效而过去没有的创新技术成果。

1. 第一辆汽车　∥分数：2分

世界上第一辆汽车是（　）人造的。

A 德国

B 美国

C 瑞士

2. 电话问世　∥分数：2分

电话的发明者是（　）。

A 爱迪生

B 贝尔

C 马可尼

3. 原子弹之父　∥分数：2分

被称为世界"原子弹之父"的是（　）。

A 邓稼先

B 奥本海默

C 钱学森

4. 杠杆和滑轮的使用　∥分数：2分

（　）发现了杠杆和滑轮的使用原理。

A 伽利略

B 爱因斯坦

C 阿基米得

5. 发现万有引力　∥分数：2分

由苹果落地这一现象发现万有引力的科学家是（　）。

A 爱迪生

B 爱因斯坦

C 牛顿

第四章 发明难题

6. 地动仪的发明 ‖ 分数：2分

（ ）发明了地动仪。

A 蔡伦

B 张衡

C 沈括

7. 四大发明 ‖ 分数：2分

下列不属于中国古代四大发明的是（ ）。

A 指南针

B 活字印刷术

C 水车

8. 水碓磨的发明 ‖ 分数：2分

利用水力来舂米碾谷子的水碓磨是（ ）发明的。

A 马良

B 毕岚

C 祖冲之

9. 太阳中心说 ‖ 分数：2分

（ ）创立了"太阳中心说"。

A 哥伦布

B 哥白尼

C 伽利略

10. 地球自转的证据 ‖ 分数：2分

（ ）通过一个单摆证明了地球一直不停地自西向东运动着。

A 哈雷

B 开普勒

C 傅科

11. 电磁效应 ‖ 分数：2分

（ ）发现了电流的磁效应。

A 麦克斯韦

B 奥斯特
C 爱迪生

12. 瓦特的发明　　‖分数：2分

瓦特发明了（　）。

A 柴油机

B 内燃机

C 蒸汽机

13. 无线电报　　‖分数：2分

（　）发明了无线电报。

A 贝尔

B 马可尼

C 西门子

14. 富尔顿的发明　　‖分数：2分

富尔顿发明了（　）。

A 火车

B 飞机

C 汽船

15. 内燃机汽车之父　　‖分数：2分

（　）发明了三轮内燃机汽车，被称为"汽车之父"。

A 莱特

B 本茨

C 瓦特

16. 白炽灯　　‖分数：2分

我们今天用的白炽灯是由（　）发明的。

A 爱迪生

B 汤姆逊

C 诺贝尔

第四章 发明难题

17. 柴油机　∥分数：2分

（　）制造了第一台柴油机。

A　爱迪生

B　狄塞尔

C　汤姆逊

18. 安全炸药　∥分数：2分

安全炸药的发明者是（　）。

A　奥托

B　帕森斯

C　诺贝尔

19. 造纸术　∥分数：2分

作为我国四大发明之一的造纸术是（　）发明的。

A　毕昇

B　蔡伦

C　贾思勰

20. 活字印刷术　∥分数：2分

发明活字印刷术的是（　）。

A　毕昇

B　蔡伦

C　贾思勰

21. 指南针　∥分数：2分

指南针是（　）人发明的。

A　印度

B　埃及

C　中国

22. 针灸 ‖ 分数：2分

我国古代针灸疗法的发明者是（　）。

A　李时珍

B　华佗

C　黄药师

23. 改良棉纺车 ‖ 分数：2分

（　）改良了棉纺车，为我国古代的棉纺事业做出了巨大的贡献。

A　黄道婆

B　王婆

C　文成公主

24. 赤道式天文仪 ‖ 分数：2分

赤道式天文仪是（　）人民发明的。

A　德国

B　中国

C　美国

25. 二进位制 ‖ 分数：2分

相传（　）发明了二进位制。

A　轩辕

B　伏羲

C　大禹

26. 弓箭的发明 ‖ 分数：2分

（　）率先开始使用弓箭。

A　中国

B　意大利

C 美国

27. 飞机的发明 ‖ 分数：2 分

（ ）发明了飞机。

A 克雷芒·阿德尔

B 阿尔贝托·桑托斯·杜蒙特

C 莱特兄弟

28. 锯的发明 ‖ 分数：2 分

我国古代的能工巧匠（ ）发明了锯子。

A 神农

B 鲁班

C 大禹

29. 识别氮气 ‖ 分数：2 分

（ ）成功识别了空气中的氮气。

A 爱因斯坦

B 舍勒

C 拉瓦锡

30. 元素周期表 ‖ 分数：2 分

（ ）发明了化学中元素周期表。

A 爱因斯坦

B 门捷列夫

C 拉瓦锡

31. 生物进化论 ‖ 分数：2 分

提出生物进化学说的是（ ）。

A 达尔文

B 孟德尔

C 爱因斯坦

32. 侯氏的贡献　∥分数：2分

侯德榜最大的贡献就是独创了制（　）工艺。

A　糖
B　淀粉
C　碱

33. 发明豆腐　∥分数：2分

在我国古代，（　）发明了豆腐。

A　无名氏
B　刘安
C　罗敷

34. 葛洪的发明　∥分数：2分

我国古代的先人葛洪发明了（　）。

A　人造银
B　人造铜
C　人造金

35. 指针式标度盘　∥分数：2分

指针式标度盘装置是（　）发明的。

A　赵达
B　张衡
C　黄帝

36. 赵州桥　∥分数：2分

（　）发明建造了赵州桥。

A　梁思成
B　茅以升
C　李春

37. 运河船闸　‖分数：2分

运河船闸是中国人（　）发明的。

A　乔维岳
B　李冰
C　郑和

38. 古代直升机　‖分数：2分

我国古代的直升机是（　）发明的。

A　莱特
B　徐正明
C　郭靖

39. 细胞的发现　‖分数：2分

（　）发现了细胞。

A　达尔文
B　虎克
C　孟德尔

40. X射线　‖分数：2分

（　）发现了X射线。

A　伦琴
B　居里夫人
C　皮埃尔

41. 电子的发现　‖分数：1分

（　）人发现了电子。

A　美国
B　德国
C　英国

42. 居里夫人　∥分数：1分

居里夫人对物理界最大的贡献就是发现了（　）。

A　镭
B　汞
C　铬

43. 量子理论的诞生　∥分数：1分

量子理论是由（　）物理学家普朗克创建的。

A　中国
B　德国
C　英国

44. 瑟福的发现　∥分数：1分

英国物理学家卢瑟福对物理学界的贡献是发现了（　）。

A　原子核
B　质子
C　种子

45. 洗衣机的问世　∥分数：1分

世界上第一台洗衣机是由（　）人研制的。

A　中国
B　日本
C　美国

46. 空调的发明　∥分数：1分

空调最早出现在（　）。

A 美国
B 德国
C 英国

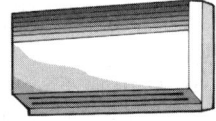

47. 电冰箱的发明　‖分数：1分

电冰箱是（ ）人发明的。

A 中国
B 德国
C 英国

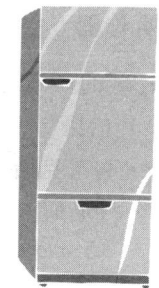

48. 电视机的发明　‖分数：1分

电视机是（ ）人研制成功的。

A 德国
B 美国
C 英国

49. 手机的发明　‖分数：1分

手机是（ ）发明的。

A 库帕
B 贝尔
C 马可尼

50. 50. 电脑的发明　‖分数：1分

世界上第一部电脑是（ ）人发明的。

A 德国
B 美国
C 中国

51. 光碟　‖分数：1分

经过处理后的激光射到光盘的薄膜上，激光就和薄膜上的记录材料相互作用，发生物理和化学变化，形成（ ）。

A　光点
　　B　记录点
　　C　刻录点

52. 复印机的发明　‖分数：1分

　　复印机是根据（　）正、负电荷互相吸引的原理制成的。
　　A　静电
　　B　高压
　　C　电子

53. 空调　‖分数：1分

　　空调是应用有关气体液体相互转变过程中的（　）原理来进行工作的。
　　A　质量变化
　　B　物质变化
　　C　能量变化

54. 时钟的由来　‖分数：1分

　　荷兰物理学家（　）根据伽利略的理论，制造出了带钟摆的时钟。
　　A　惠更斯
　　B　惠特曼
　　C　查金斯

55. 最早的听诊器　‖分数：1分

　　世界上最早的听诊器是由法国一位名叫（　）的医生发明的。
　　A　雷奈·利奈克斯
　　B　卡尔·丹尼斯
　　C　约翰

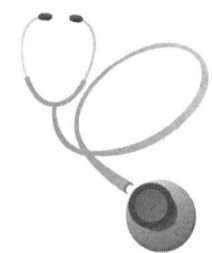

56. 圆珠笔的发明　‖分数：1分

　　1943年，（　）一个印刷厂的校对员拉兹罗·约瑟夫·比克发明了圆珠笔。
　　A　西班牙
　　B　意大利

C 匈牙利

57. 爱迪生的第一项专利

∥分数：1分

爱迪生的第一项专利是（ ）。

A 电灯泡

B 投票记录机

C 点钞机

58. 自动武器之父 ∥分数：1分

因发明机关枪而被誉为"自动武器之父"的是（ ）。

A 马克沁

B 马尔斯

C 爱迪生

59. 风筝的由来 ∥分数：1分

除了受空气给风筝向上的力量和我们对风筝的牵引力，（ ）使风筝线往下垂。

A 风筝线自身重量

B 风筝自身重量

C 空气阻力

60. 信用卡 ∥分数：1分

信用卡最早是在1950年由一位（ ）富商拉尔夫·夏德尔倡导使用的。

A 美国

B 英国

C 加拿大

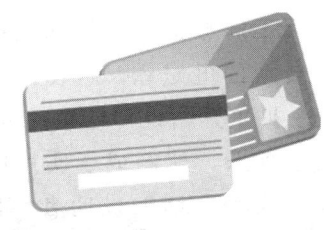

答案部分：

第四章　发明难题

1

答案：A 德国。1885年德国工程师卡尔·本茨在曼海姆制成了一辆汽车，该车为三轮，采用一台两冲程单缸0.9马力的汽油机，具备现代汽车的基本特点，如火花点火、水冷循环、钢管车架、钢板弹簧悬架、后轮驱动、前轮转向等。人们一般都把卡尔·本茨制成第一辆三轮车的1885年视为汽车诞生之年，而把卡尔·本茨说成是世界上汽车制造第一人。

2

答案：B 贝尔。1875年英国人亚历山大·贝尔在工作中看到电报机中应用了能够把电信号和机械运动互相转换的电磁铁，这使他受到了启发。贝尔开始设计电磁式电话，经过反复实验，他制成了实用的电话装置，成为电话的发明者。1876年，贝尔又获得了美国的电话专利，他不仅发明了电话，而且建起了世界上第一家电话公司。

3

答案：B 奥本海默。1945年7月15日凌晨5点半，世界上第一颗原子弹在距离洛斯阿拉莫斯约一百六十公里的阿拉摩哥多沙漠的零点山成功爆炸，这次试验的成功，将人类带入了原子能的时代，与此同时，此前一直致力于此项研究的美国科学家奥本海默被称为当之无愧的"原子弹之父"。

4

答案：C 阿基米得。古希腊科学家阿基米得发现了杠杆的和滑轮的使用原理，并以此发明了许多机械装置，比如滑车、螺旋抽水机等，打打提高了当时的农业生产力，不仅如此，他还曾经对当时的希腊国王夸下海口说："只要在宇宙中给我一个支点，我就能用一根长长的棍子将地球给撬起来。"

5

答案：C 牛顿。牛顿小时候聪明好学，遇事爱动脑筋，有一天，他看到苹果树上落下了一个苹果，就仔细分析原因，结果就发现了万有引力这一惊人的科学现象。

6

答案：B 张衡。张衡所处的东汉时代，地震发生比较频繁，经常引起地裂山崩、江河泛滥、房屋倒塌，给人民造成了巨大的损失，因为亲身经历了不少次地震，张衡深受其害，决定制造一种预知地震的仪器，于是，经过长年研究，终于在阳嘉元年（公元132年）发明了候风地动仪——世界上第一架地震仪。

7

答案：C 水车。中国古代的四大发明分别是：指南针、火药、造纸术、活字印刷术，它们是我们中华民族对世界的贡献，也是我们成为文明古国的标志。

8

答案：C 祖冲之。祖冲之是我国杰出的数学家，科学家。他不仅在数学和科学方面做出了很大的成就，而且在机械制造方面也成绩突出，他设计制造过水碓磨、铜制机件传动的指南车、千里船、定时器等。

9

答案：B 哥白尼。哥白尼是波兰的天文学家，也是一个为真理而奋斗的勇士，他从小就对天文现象很感兴趣，经过他坚持不懈的观测，得出了"太阳中心说"，也叫"日心说"的结论，这个结论一提出，便引起了轩然大波，因为它触及了宗教势力的利益，由此引发了一场伟大的科学革命。

10

答案：C 傅科。1851年，法国物理学家傅科在家里悬挂了一个很长的单摆，通过单摆摆动在细沙上留下的痕迹，证明了地球一直在自西向东不停地自转的事实。

11

答案：B 奥斯特。1820年，丹麦科学家奥斯特在做实验的时候，偶然让通电的导线接近了指南针，结果发现指南针的指针发生了偏转现象，这就是电流的磁效应。同年7月21日他以《关于磁针上电冲突作用的实验》为题发表了这一伟大的发现，这篇短短的论文使欧洲物理学界产生了极大震动，导致了大批实验成果的出现，由此开辟了物理学的新领域——电磁学。

12

答案：C 蒸汽机。瓦特是英国著名的发明家，是工业革命时期的重要人物，第二次工业革命期间，他对当时已出现的蒸汽机原始雏形作了一系列的重大改进，发明了单缸单动式和单缸双动式蒸汽机，大大提高了蒸汽机的热效率和运行可靠性，为第二次工业革命做出了巨大的贡献，而蒸汽机的使用则成了第二次工业革命的标志。

13

答案：B 马可尼。1901年12月12日，意大利科学家及工程师马可尼在纽芬兰的圣约翰第一次收到长距离无线电信号。电子工程师约翰从横跨大西洋的英国发送S的摩尔代码，马可尼从一个无线电接收器中收扣到了三声短击，这次成功传送后又经过了几年，马可尼开始经营无线电报业务。他也被世界公认为无线电报的发明者。

14

答案：C 汽船。富尔顿是美国著名工程师。1807年，他利用英国机器制成了世界上第一个蒸汽机轮船"克莱蒙脱号"，是世界上轮船的首创者。他为世界人类航海事业的发展作出了卓越的贡献。

15

答案：B 本茨。卡尔·本茨是现代汽车工业的先驱者之一，人称"汽车之父"，他早期研制出了单缸汽油发动机，并将这一成果成功地运用到了自己设计的三轮车架上。从而使第一辆三轮内燃机汽车得以问世，取得了世界上第一个"汽车制造专利权"。

16

答案：A 爱迪生。爱迪生是举世闻名的美国电学家和发明家，被誉为"世界发明大王"。他的一生有两千多项发明，除了在留声机、电灯、电话、电报、电影等方面的发明和贡献以外，还在矿业、建筑业、化工等领域也有不少著名的创造和真知灼见。在这些发明当中，白炽灯的发明是最最关键的，这个发明结束了长期以来靠煤油灯生活的日子，将人类带入了一个光明的、全新的世界，为人类的文明和进步作出了巨大的贡献。

17

答案：B 狄塞尔。1892年，德国科学家狄塞尔向全世界展示了自己的成果——一台实用的柴油动力压燃式发动机。这种发动机功率大，油耗低，可使用劣质燃油，显示出辉煌的发展前景。他本人也因此被称为"柴油机之父"。

18

答案：C 诺贝尔。在诺贝尔之前，已经有很多人研究出了炸药，但是这些炸药使用起来极其危险，稍有不慎就有可能发生人员伤亡。于是，受了父亲的影响，诺贝尔一直想要研究出一种安全系数极高的炸药，经过反复的试验，他终于成功了。诺贝尔一生的发明极多，获得的专利就有255种，其中仅炸药就达129种，就在他生命的垂危之际，他仍念念不忘对新型炸药的研究。

19

答案：B 蔡伦。据史书记载，作为中国古代四大发明之一的造纸术是蔡伦发明的。东汉元兴元年（105）蔡伦发明造纸术。他用树皮、麻头及敝布、渔网等植物原料，经过挫、捣、抄、烘等工艺制造的纸，是现代纸的渊源。自从造纸术发明之后，纸张便以新的姿态进入社会文化生活之中，并逐步在中国大地传播开来，以后又传布到世界各地。

20

答案：A 毕昇。毕昇是我国古代活字版印刷术的发明家。在宋庆历年间发明在胶泥片上刻字，一字一印，用火烧硬后，便成活字。排版前先在罩有铁框的铁板上敷一层掺和纸灰的松脂蜡，活字依次排在上面，加热，待蜡稍溶，以平板压平字面，泥字则固定在铁板上，可像雕版一样印刷。用毕再加热，又可将活字拆下贮存再用。活字可以多次使用，比整版雕刻经济方便，是我国古代四大发明之一。

21

答案：C 中国。指南针的发明是我国劳动人民在长期的实践中对物体磁性认识的结果。由于生产劳动，人们接触了磁铁矿，开始了对磁性质的了解。人们首先发现了磁石吸引铁的性质。后来又发现了磁石的指向性。经过多方的实验和研究，终于发明了可以实用的指南针。

22

答案：B 华佗。华佗医术十分精湛，他首创用全身麻醉法施行外科手术，被后世尊之为"外科鼻祖"。他不但精通方药，而且在针术和灸法上的造诣也十分令人钦佩。他每次在使用灸法的时候，不过取一两个穴位，灸上七八壮，病就好了。用针刺治疗时，也只针一两个穴位，告诉病人针感会达到什么地方，然后针感到了他说过的地方后，病人就说"已到"，他就拔出针来，病也就立即好了。另外，他创用了夹脊穴，"……点背数十处，相去一寸或五寸……灸处夹脊一寸上下"。

23

答案：A 黄道婆。黄道婆之前，脱棉籽是棉纺织进程中的一道难关。棉籽粘生于棉桃内部，很不好剥。13世纪后期以前，脱棉籽有的地方用手推"铁筋"碾去，有的地方直接"用手剖去籽"，效率相当低，以致原棉常常积压在脱棉籽这道工序上。黄道婆推广了轧棉的搅车之后，工效大为提高。

24

答案：B 中国。公元前2400年，中国人发明了赤道式天文仪。

25

答案：B 伏羲。相传在公元前3000年伏羲发明了二进位制。二进位制是数的一种表示法。只使用0和1两个记号，逢二进一。便于用物理状态表示。电子计算机的结构中主要采用二进位制。

26

答案：A 中国。中国人于公元前8世纪发明了弓箭。而欧洲的意大利在公元10世纪才使用弓，比我国晚了一千二百年。

27

答案：C 莱特兄弟。1903年12月17日，世界上第一架载人动力飞机在美国北卡罗来纳州的基蒂霍克飞上了蓝天。这架飞机被叫做"飞行者—1号"，它的发明者是美国的威尔伯·莱特和奥维尔·莱特兄弟。

28

答案：B 鲁班。在鲁班之前，木工师傅在采集木料的时候，都用刀斧砍木材，速度很慢，鲁班师傅曾经也是用这些效率低的工具来做事情，但是有一天，鲁班师傅在山上被一种锯齿状的草叶给划破了手，他因此有了灵感，便发明了我们今天使用的锯子。

29

答案：C 拉瓦锡。拉瓦锡成功识别出了氮气，其实，这种气体早在1772年就被发现了，但是却被命名了一个错误的名称——"废气"（意思是"用过的气"，也就是没有燃素的气，因此不会再被用作燃烧的气）。拉瓦锡则发现这种"气体"实际上是由一种被称为氮的气体构成的，因为它"无活力"。

30

答案：B 门捷列夫。在化学教科书中，都附有一张"元素周期表"。这张表揭示了物质世界的秘密，把一些看来似乎互不相关的元素统一起来，组成了一个完整的自然体系。它的发明，是近代化学史上的一个创举，对于促进化学的发展，起了巨大的作用。看到这张表，人们便会想到它的最早发明者——门捷列夫。

31

答案：A 达尔文。达尔文是英国博物学家，也是进化论的奠基人。1809—1882年，他以博物学家的身份，参加了英国派遣的环球航行，历经五年的科学考察，在动植物和地质方面进行了大量的观察和采集，经过综合探究，形成了生物进化的概念。1859年出版了震动当时学术界的《物种起源》。书中用大量资料证明了形形色色的生物都不是上帝创造的，而是在遗传、变异、生存斗争中和自然选择中，由简单到复杂，由低等到高等，不断发展变化的，提出了生物进化论学说，从而摧毁了各种唯心的神造论和物种不变论。

32

答案：C 碱。侯德榜是一位杰出的科学家，他为我国的化学工业事业做出了巨大的贡献，并以独创的制碱工艺闻名于世界，他就像一块坚硬的基石，托起了我国现代化学工业的大厦，他也因此被称为"国宝"！

33

答案：B 刘安。公元前125年，中国人刘安发明了豆腐。同年，中国人还发明了激素结晶体提取法，这比欧洲人领先了两千二百年。

34

答案：C 人造金。中国人葛洪于公元3世纪发明了人造金，这比世界其他各地都要早得多。

35

答案：A 赵达。中国人赵达于公元570年发明了指针式标度盘装置。中国的指针式标度盘的装置结构精细复杂令人惊奇。而其中有些标度盘装置竟由多达40个同心圆组成。在每个不同的同心圆上都标有一套不同的数字以测量各种情况，并可按要求读出数字。总之，中国人开创了世界上第一代指针式标度盘装置，这种装置对现代科学来说仍是极其重要的。

36

答案：C 李春。公元610年，中国建筑工程学派奠基人李春，发明并建造了空腹式单孔圆弧拱石桥，又名赵州桥，原名安济桥，俗称大石桥，比西方于1345年建造的维奇奥拱桥，早了700年。

37

答案：A 乔维岳。公元984年中国人乔维岳发明了运河船闸，从而提高了河运能力。到1375年欧洲也建成了第一个船闸，这比中国已晚389年。

38

答案：B 徐正明。公元17世纪中国苏州巧匠徐正明，整天琢磨小孩玩的竹蜻蜓，想制造一架类似蜻蜓的直升机，并且想把人也带上天空。经过了十多年的潜心钻研，他造出了一架直升机。这架飞机有像竹蜻蜓一样的螺旋桨，驾驶座像一把圈椅，依靠脚踏板通过转动机构来带动螺旋桨转动，试飞时候，它居然飞离地面一尺多高，还飞过一条小河沟，然后落下来。

39

答案：B 虎克。英国学者罗伯特·虎克在1665年发现了细胞。1985年出版的中学《生物》教科书中就明确写道："细胞是英国物理学家罗伯特·虎克于1665年发现的。"

40

答案：A 伦琴。X射线又叫伦琴射线。1895年12月28日，伦琴把发现X射线的论文，和用X射线照出的手骨照片，一同送交维尔茨堡物理医学学会出版。这件事，成了轰动一时的科学新闻。伦琴的论文和照片，在三个月内被连续翻印5次。大家共同分享着伦琴发现X射线的巨大欢乐。

41

答案：C 英国。汤姆逊是英国物理学家，也是电子的发现者。他于1891年用法拉第管开始了原子核结构的理论研究。他研究了阴极射线在磁场和电场中的偏转，作了比值e/m（电子的电荷与质量之比）的测定，结果他从实验上发现了电子的存在，证实了电子波动性，为此1937年与美国戴维森共同获诺贝尔物理奖。

42

答案：A 镭。著名的居里夫人是波兰裔法国籍女物理学家、放射化学家，因为她发现了放射性元素——镭，所以被誉为"镭的母亲"。

43

答案：B 德国。普朗克是德国物理学家、量子物理学的开创者和奠基人，1918年诺贝尔物理学奖的获得者。普朗克的一生最大的成就就是创立了量子理论，这也是物理学史上的一次巨大变革。从此结束了经典物理学一统天下的局面。

44

答案：A 原子核。1911年，卢瑟福受"大宇宙与小宇宙相似"的启发，把太阳系和原子结构进行类比，提出了一个原子模型，既卢瑟福原子模型。他认为，原子像一个小太阳系，每个原子都有一个极小的核，核的直径在10~12厘米左右，这个核几乎集中了原子的全部质量，并带有N单位个正电荷，原子核外有N个电子绕核旋转，所以一般情况下，原子显中性。1912年，盖革和马斯登用实验证实了带正电的原子核的存在。

45

答案：C 美国。1858年，美国人史密斯制成了世界上第一台洗衣机，该洗衣机的主件是一只圆桶，桶内装有一根带桨状叶子的直轴。轴是通过摇动和它相连的曲柄转动的。同年史密斯取得了这台洗衣机的专利权。这台洗衣机使用时费力，且损伤衣服，因而没有得到推广，但它却标志着使用机器洗衣服的开端。

46

答案：A 美国。美国的开利博

士于1902年为纽约布鲁克林的一家印刷厂设计了一套空调系统,解决了因夏季湿度太高而导致纸张变形无法印刷的难题。而后的100年间,开利和开利博士所设立的开利公司一直致力于空调技术的不断创新,今天的空调就是在他们的空调基础上改良而来的。

47

答案:B德国。德国工程师卡尔冯林德在1879年制造出了第一台家用冰箱。但在当时由于冰箱的成本太高,并没有大批量地进入到居民的生活当中。

48

答案:C英国。当意大利人马克尼发明了远距离无线电通讯后,世界各国人们就开始设想研制可以远距离传送图象,声音的电视接收机。经过多年努力,终于在1926年由英国工程师贝尔德研制出了世界上第一台电视接收机。

49

答案:A库帕。1973年4月的一天,一名男子站在纽约街头,掏出一个约有两块砖头大的无线电话,并打了一通,引得过路人纷纷驻足侧目。这个人就是手机的发明者马丁·库帕。当时,库帕是美国著名的摩托罗拉公司的工程技术人员。

50

答案:B美国。世界上第一部电脑,是1945年由美国宾夕法尼亚大学的两位教授莫奇利和埃克特设计和研制出来的,其英文名字ENIAC(埃尼阿克),其实就是电子识字计算机。不过,在这之前,人们研究电脑已经很长一段时间了,所以严格说来,电脑应该是科学家们共同努力的成果。

51

答案:B记录点。光碟也叫光盘,最大特点是存储量大、价格低、寿命长和可靠性好。光盘的存取速度非常高,并具有随机存取的功能,只要用0.5秒时间,就可以从一张存储几万幅图像的光盘中检索出任何一幅图像。光盘价格很低,一张光盘的制作成本只有两三角钱,复制起来也很容易,在电脑里进行复制,几分钟时间就可以复制下几百本书的内容。另外,光盘的规格是统一的,不用考虑或担心配套问题。

52

答案:A静电。复印机是根据静电正、负电荷互相吸引的原理制成的。复印可分直接复印和间接复印两种。直接复印时,先让复印纸按图案文字颜色深浅,分别带上相应静电荷,深处电荷密,浅处电荷稀,形成一张与图文颜色深浅相对应的静电图像。然后，让带有异性电荷的墨粉直接被静电图像吸引，深的地方吸引的墨粉多，浅的地方墨粉少，再通过热压，将墨粉黏附在复印纸上，一份复印件就出来了。

53

答案：C 能量变化。空调制冷是应用有关气体液体相互转变过程中的能量变化原理来进行工作的。以前的空调器中使用的大多是氟利昂，现在使用的是氟利昂的替代物。当空调器中的氟利昂液体在蒸发器中蒸发时吸收空气中的热量，也就是使热空气变冷了。由于室内热空气是在空调器中的离心式风扇作用下通过蒸发器的，所以蒸发器就不断地流入热空气，又不断地放出"冷气"。

54

答案：A 惠更斯。意大利著名的科学家伽利略有一次到教堂做礼拜，他注意到：吊灯一来一回摆动所需要的时间是一样的。发现了这一规律之后，伽利略很快就决定应用它。在此后无数次的实验中，他都利用摆的等时性来测量时间和运动，并试图利用这一特性来设计短时间速度不变的齿轮驱动装置。然而，直到晚年的时候，他仍然仅仅是做了设计图，并没有制造出钟表。直到伽利略逝世以后，荷兰物理学家惠更斯才根据伽利略的理论，制造出了带钟摆的时钟。

55

答案：A 雷奈·利奈克斯。200多年前，法国有一位名叫雷奈·利奈克斯的青年医生为挽救一个心脏病患者伤透脑筋，因为这名患者是位年轻姑娘，当时又没有听诊器，无法听清心脏的跳动情况。一天，这位医生在公园里从两个孩子的传声游戏中受到了启发。利奈克斯在一根细长的用洋杉木制成的空心直管的两端各安一个喇叭形的听筒，一头贴在病人的胸部，另一头贴在自己的耳朵里。经过反复试验，他终于听到了病人心脏跳动的声音。利奈克斯高兴极了，把它称为"胸部检查器"——这就是世界上最早的听诊器。

56

答案：C 匈牙利。在华特曼发明自来水笔4年后的1888年，美国的劳比提出一种完全不同于自来水笔的新式笔，就是在笔尖上装一个圆珠，书写时随着圆珠的滚动而把墨水留在纸上的笔，这就是我们通常所说的"圆珠笔"。由于技术问题，劳比的发明没有成功。

1943年，匈牙利一个印刷厂的校对员拉兹罗·约瑟夫·比克发现机器上刚印好的清样含水分多，用自来水笔改正，会发生浸润模糊的现象。为了克服这种现象，他便经常琢磨使用各种办法来进行改进。比克找来一根圆管，装上液质颜料，把笔尖改成钢珠，使这种笔书写流畅，从而制成了世界上的第一支圆珠笔。

57

答案：B 投票记录机。21 岁时，爱迪生在美国波士顿公司当报务员。他在抄录新闻电稿时，发现议会每通过一项决议案总要唱票、点票、反复核对，浪费大量时间。于是，他利用业余时间反复研究、试验，终于发明了投票记录机。

1867 年冬，爱迪生向美国专利局递交了专利申请。第二年 10 月的一天，他怀着惴惴不安的心情拆开了专利局的回信。信上说，他的专利申请经审查合格，准予登记，登记号为 90646，登记日期是 1868 年 10 月 11 日。这就是爱迪生所获得的第一项专利。

58

答案：A 马克沁。19 世纪末，美国人马克沁发明了利用发射药的作用力与反作用力引导火药气流完成枪械自动射击的新型枪械——机关枪，其射速比一般毛瑟枪提高了近百倍，并可单发、点射，使用可连接的弹袋，可以不间断发射数千发子弹。马克沁的枪械自动原理为枪炮的自动化奠定了基础，开创了自动武器的新纪元，马克沁也因此被称为"自动武器之父"。

59

答案：A 风筝线自身重量。风筝在我国已有两千年的历史了。早在春秋战国时候，就有人用木、竹做风筝。其代表人物相传是巧匠鲁班大师，以"削木为鹞，成而飞之，三日不下"。《韩非子？外储说左匕》云：墨子为木鸢，三年而成，飞一日而败。《墨子》记载了"公输子削木鹊，成而飞之，三日不下"。这些文字记载，都看不出用蝇子牵引，加之当时还没有发明纸，可见"木鸢"是用木料制成的，用现代的说法是靠滑翔的鸟形飞行器。到了汉朝，出现了用竹制框架，以纸糊之，以绳牵之，放之空中的"纸鸢"。到了五代时，李邺在风筝上拴上了竹笛，微风吹动，嗡嗡有声，很像"铮"声，因而得名"风筝"。

60

答案：A 美国。1950 年，美国富商拉尔夫·夏德尔在一家高级餐厅里宴请朋友。结账付款时却发现钱包被盗了。幸好餐厅经理认识夏德尔，破例让他签名记账，才没使他在贵宾面前失礼。这次狼狈的酒宴，一直让夏德尔耿耿于怀。与许多富商朋友的商讨，夏德尔成立了世界上第一个使用信用卡付款的组织——"晚餐俱乐部"。凡是持有"晚餐俱乐部"信用卡的人，可以在纽约27家饭店记账用餐，而不必随身携带钱包。这种方便的付款方式大受欢迎，持卡者不断增加。这就是最初的信用卡。

如今，信用卡已被人们普遍使用。随着电脑技术的应用和推广，信用卡的发行和使用不断扩大，"一卡走天下"的无现金社会正在向我们走来。

第五章　自然界难题

　　自然界的含义有广义和狭义之分：广义的自然界是指包括人类社会在内的整个客观物质世界。这一物质世界是以自然的方式存在和变化着的。而狭义的自然界则指与人类社会相区别的物质世界。也就是自然科学所研究的无机界和有机界。

1. 风力等级 ∥ 分数：2分

自然界中通常将风力的等级分为十二级，请问（ ）级大风能将屋顶的瓦片吹飞？

A 六
B 八
C 九

2. 松果的预示 ∥ 分数：2分

松果的鳞片紧闭，预示着（ ）

A 即将下雨
B 天气干燥
C 天气寒冷

3. 生物珠宝 ∥ 分数：2分

（ ）是唯一一种由生物造成的珠宝。

A 祖母绿
B 钻石
C 珍珠

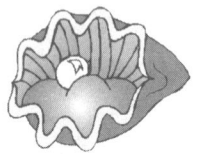

4. 东边日出西边雨 ∥ 分数：2分

"东边日出西边雨"的现象多发生在（ ）。

A 春季
B 夏季
C 秋季

5. 露水 ∥ 分数：2分

露水最多的季节是（ ）。

A 春季
B 夏季
C 秋季

6. 海市蜃楼 ∥ 分数：2分

海市蜃楼在（ ）不可能发生。

A 海洋
B 沙漠
C 热带雨林

7. 梅子成熟 ‖ 分数：2分

梅子成熟的季节，我国江南地区会出现（ ）天气。

A 梅雨

B 干旱

C 大风

8. 太阳下山后 ‖ 分数：2分

太阳下山后天空还很亮，主要是因为（ ）的原因。

A 大气层

B 雨水

C 月亮

9. 三大火炉 ‖ 分数：2分

有三大火炉之称的是重庆、武汉和（ ）。

A 南京

B 拉萨

C 福州

10. 围着火炉吃西瓜 ‖ 分数：2分

围着火炉吃西瓜的是（ ）人。

A 哈尔滨

B 拉萨

C 吐鲁番

11. 汽车废气 ‖ 分数：2分

汽车废气最主要的危害是（ ）。

A 酸雨

B 光化学烟雾

C 温室效应

12. 榨红糖 ‖ 分数：2分

（ ）可以用来榨红糖。

A 甜菜

B 草莓

C 大枣

13. 世界环境日　‖分数：2分

每年的"世界环境日"是（ ）
A 5月31日
B 3月12日
C 6月5日

14. 臭氧层　‖分数：2分

臭氧层离地面有（ ）千米。
A 20～30
B 30～40
C 40～50

15. 水的覆盖率　‖分数：2分

地球表面有大约（ ）的地方被水覆盖。
A 50%
B 60%
C 70%

16. 猫头鹰　‖分数：2分

猫头鹰是（ ）的天敌。
A 黄鼠狼
B 老鼠
C 兔子

17. 塑料的降解　‖分数：2分

废弃塑料在自然界中自行降解大概要（ ）年。
A 50～100
B 100～200
C 100～300

18. 洪灾流行病　‖分数：2分

洪灾导致水环境严重污染，容易发生疟疾、霍乱和（　）等典型的流行病。

A　天花
B　伤寒
C　流感

19. 娃娃鱼　‖分数：2分

娃娃鱼属于我国（　）级保护动物。

A　一
B　二
C　三

20. 木耳和黄花菜　‖分数：2分

是不是吃木耳和黄花菜越新鲜越好呢？（　）

A　是
B　不是

21. 青蛙　‖分数：2分

青蛙是爬行动物吗？（　）

A　是
B　不是

22. 黄花菜　‖分数：2分

"黄花菜"是植物的（　）。

A　茎
B　芽
C　花

23. 天然环境检测仪　‖分数：2分

（　）被称为天然的环境检测仪。

A　菌类
B　苔藓
C　小草

24. 蝴蝶的翅膀　‖ 分数：2分

捉蝴蝶时手上会留下其翅膀上彩色的"粉"，这种"粉"是（　）。

　A　蝴蝶的分泌物
　B　落在蝴蝶身上的脏东西
　C　细小的鳞片

25. 鱼类的祖先　‖ 分数：2分

鱼类的祖先是（　）。

　A　鲫鱼
　B　鲤鱼
　C　文昌鱼

26. 鸟类的祖先　‖ 分数：2分

鸟类的祖先是（　）。

　A　天鹅
　B　鸵鸟

　C　始祖鸟

27. 最早的农作物　‖ 分数：2分

最早的农作物是（　）。

　A　水稻
　B　高粱
　C　小麦

28. 地球之肺　‖ 分数：2分

世界上森林覆盖率最高的国家是（　）。

　A　苏里南
　B　芬兰
　C　日本

29. 地跨两洲　‖ 分数：2分

（　）是世界上唯一一个同时地

跨欧洲和亚洲的城市。

A 君士坦丁堡

B 伊斯坦布尔

C 塞浦路斯

30. 大熊猫　‖分数：2分

大熊猫属于（ ）科。

A 猫

B 熊

C 猫熊

31. 最大的食肉动物　‖分数：2分

陆地上最大的食肉动物是（ ）。

A 老虎

B 金钱豹

C 大棕熊

32. 北极兔的颜色　‖分数：2分

夏天北极兔的毛是（ ）色的。

A 白

B 灰

C 灰褐

33. 驯鹿的习性　‖分数：2分

驯鹿是鹿科动物，它一般生活在（ ）地区。

A 亚热带

B 温带

C 寒冷的北极圈

34. 极地探险　‖分数：2分

在极地探险时，人们用（ ）运送物资。

A 鹿
B 马
C 狗

35. 土家族奇观　　‖ 分数：2分

（　）被称为土家族奇观。

A 泼水节
B 唱山歌
C 吊脚楼

36. 蝉的鸣叫　　‖ 分数：2分

盛夏时节，总能听到"知了，知了"的叫声，请问这是（　）蝉发出的。

A 雌
B 雄

37. 大熊猫保护区　　‖ 分数：2分

我国第一个大熊猫保护区是四川（　）自然保护区。

A 卧龙
B 王朗
C 白水河

38. 最小开花植物　　‖ 分数：2分

大自然中，最小的开花植物是（　）。

A 浮萍
B 昙花
C 含羞草

39. 太行山保护区　　‖ 分数：2分

太行山主要是（　）自然保护区。

A 猕猴

B 金丝猴
C 长臂猿

40. 长江女神　　‖分数：2分

被誉为"长江女神"的是（　）。

A 白鳍豚
B 海豚
C 河豚

41. 雌海龟产卵　　‖分数：1分

雌海龟在（　）下蛋。

A 沙滩里
B 海底
C 陆地上

42. 狗的散热器官　　‖分数：1分

狗热时用（　）散热。

A 耳朵
B 鼻子
C 舌头

43. 马睡觉　　‖分数：1分

马是卧着睡的吗？（　）。

A 是
B 不是

44. 立秋后的节气　　‖分数：1分

在二十四节气中，立秋的下一个节气是（　）。

A 处暑
B 白露
C 秋分

45. 陆上最重　‖分数：1分

陆地上最重的哺乳类动物是（　）。

   A　骆驼

   B　大象

   C　棕熊

46. 会飞的哺乳动物　‖分数：1分

自然界中，唯一会飞的哺乳动物是（　）。

   A　杜鹃

   B　蝙蝠

   C　蚊子

47. 驼峰的用途　‖分数：1分

骆驼的驼峰是用来储存（　）的。

   A　食物

   B　水

   C　脂肪

48. 沙堆中的鸡　‖分数：1分

鸡喜欢在沙堆里乱蹭，它们是在（　）。

   A　嬉戏

   B　抓虫

   C　洗澡

49. 藏羚羊的分布　‖分数：1分

藏羚羊多分布在我国的西藏、新疆、（　）。

   A　青海

   B　甘肃

   C　广西

50. 昆虫的特征 ∥ 分数：1分

昆虫区别于其他动物最主要的特征是有（ ）。

A 触须

B 三对足

C 坚硬的外壳

51. 峨眉佛光 ∥ 分数：1分

晴朗的冬日，在四川峨眉山的金顶上出现的佛光现象实际上是由于光的（ ）造成的。

A 反射

B 折射

C 衍射

52. 北京时间 ∥ 分数：1分

我们常说的"北京时间"是在（ ）的天文台测定的时间。

A 北京

B 陕西

C 云南

53. 屋顶上的铁瓦 ∥ 分数：1分

由于地理环境和气候环境的影响，（ ）的房屋多使用铁瓦作为屋顶。

A 庐山

B 泰山

C 黄山

54. 最壮观的瀑布 ∥ 分数：1分

世界上最壮观的瀑布当属位于美洲的（ ）。

A 伊瓜苏瀑布

B 维多利亚瀑布

C 尼亚加拉瀑布

55. 火山的好处 ‖ 分数：1分

火山爆发常会吞噬人们的生命和财产，但是如果没有火山爆发，也就没有现在的（ ）。

A 世界板块
B 自然气候
C 温室效应

56. 神秘的百慕大三角 ‖ 分数：1分

大西洋西部、（ ）海峡和波多黎各岛将百慕大群岛包围成一个三角形的海区，数百年来不计其数的飞机和船只在这里神秘地坠毁和沉没，就是有名的百慕大"死亡三角"。

A 佛罗里达
B 麦哲伦
C 直布罗陀

57. 神秘的百慕大三角 ‖ 分数：1分

大西洋西部、（ ）海峡和波多黎各岛将百慕大群岛包围成一个三角形的海区，数百年来不计其数的飞机和船只在这里神秘地坠毁和沉没，就是有名的百慕大"死亡三角"。

A 佛罗里达
B 麦哲伦
C 直布罗陀

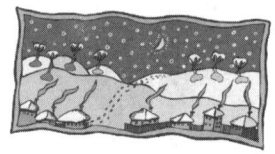

58. 喜马拉雅山 ‖ 分数：1分

喜马拉雅山是由（ ）相撞造成的。

A 大西洋板块和印度洋板块
B 印度板块和亚欧板块
C 亚欧板块和太平洋板块

59. 撒哈拉沙漠 ‖ 分数：1分

撒哈拉沙漠是世界上最干、最热、风沙最严重且面积最大的沙漠，这里（ ）生物。

A 存在
B 不存在

A 四五
B 六七
C 八九

60. 黄梅天 ∥分数：1分

我国江南地区，每到（　）月间，也就是梅子成熟的季节，会出现阴雨连绵，通常要好多天才会停止下雨，因此也称黄梅天。

答案部分：

第五章 自然界难题

1

答案：C 九。让我们来看一看风力等级表：零级烟柱直冲天；一级青烟随风偏；二级清风吹脸面；三级叶动红旗展；四级枝摇飞纸片；五级带叶小树摇；六级举伞步行艰；七级迎风走不便；八级风吹树枝断；九级屋顶飞瓦片；十级拔树又倒屋；十一二级陆上很少见。

2

答案：A 即将下雨。在干燥的天气里，松果的鳞片会打开；相反，如果松果的鳞片紧闭，则表示即将下雨。这是因为空气干燥时，鳞片因收缩而张开；而当空气湿润时，鳞片则会因为吸收了充足的水汽而变得柔软，松果自然就会恢复原形了。

3

答案：C 珍珠。蚌的贝壳在每次的张合过程中，外界的泥沙、寄生虫等异物偶尔就会掉进去。贝壳上的外套膜受到刺激后，就会分泌出珍珠质，把掉进去的异物裹住，形成珍珠囊。以这个珍珠囊为核心，外套膜会不断分泌类似贝壳的物质，经过很长一段时间，晶莹圆润、细腻光滑的珍珠就形成了。珍珠既夺目又含蓄，是惟一由生物造就的宝石。

4

答案：B 夏季。炎热的夏季经常会发生这样的景象：在同一个城市，一边是阳光高照，一边却是大雨倾盆，这一现象被古人在诗句中称作"东边日出西边雨"。这是由于降水量水平分布的不连续性造成的，尤其是在夏季更为突出。夏季降水水平分布的这种差异，主要与产生降水的云本身特点及当地的地形、地貌等因素有关。在夏季，降雨多为对流雨，产生降水的云多半为雷雨云，这是一种垂直发展十分旺盛、而水平范围发展较小的云。由于这种云体积较小，在它移动和产生降水时，只能形成一片狭小的雨区，这就比较容易造成雨区内外雨量分布的显著差异。所以，就会出现

"东边日出西边雨"的奇妙景观。

5

答案：C 秋季。露水四季都有，秋天特别多。晴朗无云的夜间，地面热量散失很快，气温也会随着迅速下降。温度降低，空气所含水汽就附在草上、树叶上等，凝成细小的水珠，形成露水。

6

答案：C 热带雨林。海市蜃楼通常发生在沿海。夏天，在平静无风的海面上，向远方望去，山峰、楼台、亭阁、集市等景象会在远方的空中出现，沙漠中也能看到这种景象。古人不明白产生这种景象的科学原因，根据想象认为是海中蛟龙（即蜃）吐出的气结成的，因而叫做"海市蜃楼"。

7

答案：A 梅雨。我国江南地区，在梅子成熟的季节，会出现阴雨连绵，通常要好多天才会停止下雨，这时候的雨被称为"梅雨"。

8

答案：A 大气层。太阳在落山后天空依然会很亮，这主要是因为大气层的原因。空气，是看不见摸不着的，可是它里面有很多大小不同的气体分子、灰尘等。并且越接近地面，空气中的这些杂质就会越多。太阳落山后，它们照射了空气中的杂质。阳光被散射开来，所以天空还会很亮。

9

答案：A 南京。炎炎夏日，我国长江流域的平均气温最高，其中南京、武汉、重庆被称为"三大火炉"，它们的极端最高气温都在40℃以上，而且高温持续时间比较长。

10

答案：C 吐鲁番。新疆有句谚语："早穿皮袄午穿纱，围着火炉吃西瓜。"这就是吐鲁番的真实写照，因为吐鲁番地区远离海洋，处于盆地之中，地面升温快，降温慢，加上日照时间长，夏季气温很高。在8、9月份，瓜果已经成熟。9月下旬以后，夜晚的气温骤降，但白天的气温依然很高，昼夜温差极大，所以有上述现象。

11

答案：B 光化学烟雾。汽车废气最主要的危害是形成光化学烟雾。汽车尾气中的碳氢化合物和氮氧化物在阳光作用下发生化学反应，形成光化学烟雾。它对健康的危害主要是刺激眼睛和呼吸系统，引起红眼病和慢性呼吸系统疾病；光化学烟雾能使树木枯死，农作物大量减产，降低大气的能见度，妨碍交通。

12

答案：A 甜菜。红糖是从甘蔗

和甜菜中提炼出来的，主要成分是蔗糖。红糖的颜色所以红，是因为它内含棕色物质"糖蜜"和叶绿素、叶黄素、胡萝卜素及铁质等。此外还含有核黄素、尼克酸等成分。

13

答案：C 6月5日。1972年联合国在瑞典的斯德哥尔摩召开了有113个国家参加的联合国人类环境会议。会议讨论了保护全球环境的行动计划，通过了《人类环境宣言》。并将6月5日定为世界环境日。以后，每逢世界环境日，世界各国都开展群众性的环境保护宣传纪念活动，唤起全世界人民都来注意保护人类赖以生存的环境，自觉采取行动参与环境保护的共同努力，同时要求各国政府和联合国系统为推进保护进程作出贡献。

14

答案：A 20～30。臭氧层离地面约为20～30千米，它形成一个地球上空的保护膜，使来自太阳的大部分紫外线不能穿过它。臭氧层可以将太阳光中99%的紫外线过滤掉，这对于地球上生命的生存十分重要，因为过量的紫外线照射会对地球和人类造成许多危害。

15

答案：C 70%。地球是太阳系中唯一表面含有液态水的行星。水覆盖了地球表面71%的面积（其中，97%是海水3%是淡水）。水在五大洋和七大陆都存在。地球的太阳轨道、火山活动、地心引力、温室效应、地磁场以及富含氧气的大气这些因素相结合使得地球成为一颗水之行星。

16

答案：B 老鼠。猫头鹰是食肉性动物，是老鼠的天敌，它们在捕猎到猎物以后，通常会将动物囫囵吞下去，至于那些不能消化的部分，比如皮毛、骨头等，它们则会将其成团地吐出。

17

答案：C 100～300。据科学家测试，塑料袋埋在地里需要200年以上才能腐烂，并且严重污染土壤。而焚烧所产生的有害烟尘和有毒气体，同样会造成对大气环境的污染。

18

答案：B 伤寒。"大灾之后必有大疫"，自然灾害之后，常易发生细菌性传染疾病，特别是烈性瘟疫的传播，会给人类带来严重的伤亡损失。而特大洪灾往往会为瘟疫传播提供十分便利的条件，让受灾地区的人民在痛失家园之后，很快又遭受疟疾、霍乱和伤寒等流行病的侵袭。

19

答案：B 二。娃娃鱼学名大鲵，

生活在山区的清澈溪流中，一般都隐藏在山溪的石隙间，洞穴位于水面以下。叫声类似于婴儿的啼哭声，故俗称"娃娃鱼"，属于国家二级重点保护动物。

20

答案：B 不是。多数蔬菜都是越新鲜越好，而木耳和黄花却除外，因为如果不将木耳和黄花菜晒干，直接吃新鲜的会中毒的。

21

答案：B 不是。青蛙是两栖动物，它们小的时候在水里生活，叫蝌蚪，长大之后才到陆地上来。它们是变温动物，非常怕冷，不等冬天到来，它们就钻到水底淤泥或洞穴里冬眠。直到春天天气暖和了才苏醒过来，到水中繁殖。当青蛙还是蝌蚪时用鳃呼吸。青蛙可以在水中活动，也可以到陆地上活动。它们是介于鱼类与爬行动物之间的动物，完全符合两栖动物的各种特征。

22

答案：C 花。黄花菜是人们喜吃的一种传统蔬菜，它的食用部位是它的花蕾部分，因其花瓣肥厚，色泽金黄，香味浓郁，食之清香、鲜嫩，爽滑同木耳、草菇，营养价值高，被视作"席上珍品"，每年春、秋两季是采摘黄花的时节。

23

答案：B 苔藓。在植物当中，苔藓和地衣类植物对空气污染反应最敏感。苔藓植物属于高等植物中比较低等的一类，它们分布的地区很广，只要是阴湿的环境，都可以找到它们。它们的叶片一般都是单层细胞，没有保护层，所以外界气体很容易直接侵入其细胞里，只要空气中二氧化硫的浓度超过千万分之五，苔藓的叶子就会变成黄色或黑褐色，几十个小时后，有的苔藓植物就干枯死亡了。可见，它们对环境污染是极为敏感的，因此，苔藓被人们誉为"天然的环境检测仪"。

24

答案：C 细小的鳞片。蝴蝶身上的粉其实是蝴蝶的鳞片，又叫鳞粉。这些鳞粉排列得十分整齐，就像屋瓦一般，故具有防水功能；且鳞粉具有不同的颜色及排列方式，使得蝴蝶显现出不同的花纹，从而达到威吓、警戒或隐蔽的效果；由于鳞粉极易脱落的特性，所以当蝴蝶遇到蜘蛛网时，可以较容易脱身；有些鳞粉连结毒腺，当接触鳞粉使其脱落后，毒液自然就会沾黏到触碰者身上。

25

答案：C 文昌鱼。文昌鱼是一种动物珍宝。据科学家研究，它早在5亿多年前就出现，至今仍保持着古代的特性及原始性状，为研究鱼类的起源和无脊椎动物进化历史，提供了活的证据。因此，文昌鱼被视作是鱼类的祖先。

26

答案：C 始祖鸟。鸟类起源于中生代侏罗纪，在该底层发现的始祖鸟是最著名的原始鸟，它的身体特征同时具有鸟类和爬行类共有的特征，例如有牙齿，翅膀上有指爪，被人们称作鸟类的祖先。不过，近年来，有学者提出恐龙是鸟类的祖先的说法。在中国东北新发现的中华龙鸟和孔子鸟被认为是连接恐龙和鸟类的一环，更像是有羽毛的恐龙，比始祖鸟的年代更久远。迄今为止，这一说法还未得到证实。

27

答案：C 小麦。小麦是世界上最早种植的农作物，它的世界产量和种植面积，居于栽培谷物的首位，以普通小麦种植最广，占全世界小麦总面积的90%以上；硬粒小麦的播种面积约为总面积的6%～7%。生产小麦最多的国家有俄罗斯、美国、加拿大和阿根廷等。

28

答案：A 苏里南。南美洲的苏里南是世界上森林覆盖率最高的国家，森林覆盖率高达95%，被喻为"地球之肺"。

29

答案：B 伊斯坦布尔。土耳其的伊斯坦布尔城有一半在亚洲的小亚细亚半岛上，另一半在欧洲的巴尔干半岛上。两洲的中间是博斯普鲁斯海峡，此海峡是联系黑海和马尔马拉海的海上通道。1973年10月，一座钢铁吊桥横跨在博斯普鲁斯海峡，把欧亚两洲、伊城两岸联结了起来。这座钢铁吊桥就是与海峡同名的博斯普鲁斯大桥，现在已经成了土耳其的标志。

30

答案：C 猫熊。熊猫亦称"猫熊"、"大熊猫"，属于猫熊科。熊猫体形似熊，很肥壮，成年的熊猫多在100公斤，体长1.5米，尾短小仅20厘米长。头圆嘴短，脸部轮廓很像猫。四肢粗短，前后足都是5趾。它们常常栖息在2000～3500米的高山原始森林中。虽是食肉动物，但现在已经演变成主要食竹的素食动物了。

31

答案：C 大棕熊。棕熊在我国古代叫做罴，身长一般为150～200厘米，尾长13～16厘米，体重150～250千克，较大的能达到400～600千克，其中最高纪录为生活于美国阿拉斯加科迪亚克岛上的，身长约为400厘米左右，体重达757千克，不仅是熊类中的庞然大物，也是世界上最大的食肉动物。

32

答案：C 灰褐。北极兔通常生活在美洲北部和北欧的一些地方，它们有一个共同的特点，也叫生存绝招，那就是能够随着季节的改变而变换自己的颜色，春夏秋三季均为灰褐色，可是，一到冬季，这些兔子则全身变为清白，这样不仅便于伪装，而且白色还能起到一种光学反射作用，使天敌很难发现它们。另外，蓬松的绒毛在其身体周围捕捉到一些空气，就像中空的墙壁一样，形成一层绝缘层，有效地防止了热量的散失，这样可以帮助北极兔度过北极的严冬。

33

答案：C 寒冷的北极圈。驯鹿多生活在寒冷的北极圈，广泛分布在欧亚和北美大陆北部及一些大型岛屿，尤其在爱斯基摩人的聚居地较为常见，因为驯鹿能够适应严寒天气，所以它也成了爱斯基摩人极其重要的物质来源。

34

答案：C 狗。在南极极度寒冷的气候和冰天雪地的环境，采用其他的运输方式显然是不可能的，所以，全世界的科考队几乎都是用狗拉雪橇来运送物资的，这是因为狗是耐寒动物，它们身上的皮毛可以让它们在零下几十度的环境下生存而不会被冻死。

35

答案：C 吊脚楼。吊脚楼是土家人最为典型的建筑形式，也是土家族的一大奇观，随着经济的发展和文化的进步，这种象征着富有的吊脚楼已经成为土家族聚居地最为普遍的建筑形式，就其结构而言，各地区的吊脚楼大同小异，总的来说，吊脚楼都应属于干栏式建筑，但与一般所指干栏有所不同。干栏应该是全部悬空的，所以称吊脚楼为半干栏式建筑。

36

答案：B 雄。雄蝉鸣叫的目的是为了招引远处的雌蝉前来交配，繁衍后代。雄蝉的腹部有一个发声器，能连续不断地发出响亮的声音；雌蝉虽然在腹部也有发声器，但不能发出声音。因为它的发声器官已经退化，它只能听到雄蝉发出的邀请，却哑不做声。

37

答案：A 卧龙。卧龙国家自然保护区位于四川省阿坝藏族羌族自治州汶川县境内。横跨卧龙、耿达两乡，东西长52千米、南北宽62千米，总面积约70万公顷。主要保护西南高山林区自然生态系统及大熊猫等珍稀动物。始建于1963年，1980年正式加入联合国国际生物圈保护区网，是中国第一个自然保护资源特别行政区。

38

答案：A 浮萍。在池塘和稻田里，经常可以看到一种浮生在水面的植物，这就是浮萍科的无根萍。它没有根也没有叶，形状酷似小球，长约1毫米，宽不到1毫米，这么小的植物，它的花就更小了，花的直径只有缝衣针的针尖那么大，不仔细看还真看不出来，这可以称得上是世界上最小的花了。

39

答案：A 猕猴。太行山猕猴自然保护区位于河南省济源市、沁阳市、修武县、辉县市4县市境内，总面积为56600公顷。保护区由河南省政府1982年批建的济源保护区和1991年批建的沁阳松岭保护区合并而，主要保护对象为猕猴及森林生态系统。

40

答案：A 白鳍豚。白鳍豚是国家一级保护动物，又称白豚、白鳍豚、白旗。早在一千多年以前，我国人民就非常喜爱白鳍豚，将它们称作"长江女神"，在白鳍豚最繁盛的时候，长江中有数万头白鳍豚自由游弋。可是，今天白鳍豚已经濒临灭绝，剩下不到100只了。

41

答案：A 沙滩里。大腹便便的雌海龟通常会选择月黑风高的夜晚从海里悄悄地爬到沙滩上，在那里挖上一个坑，生下一窝窝白花花的海龟蛋，再用沙小心地盖好。它选的产卵地是挺有讲究的，那就是在一些阳光比较充足的沙滩上。

42

答案：C 舌头。在夏天天气很热的时候，我们经常可以看到小狗吐着长长的舌头，它这样做并不是在做游戏，而是在散热，因为小狗的汗腺没有体温调节和散热作用，而吐舌头有易于舌头通过蒸发来散热起到凉爽的作用，另外，小狗洗澡多了容易得病，所以它们就选择吐舌头来散热了。

43

答案：B 不是。马站着睡觉这一点继承了野马的生活习性。因为野马生活在一望无际的沙漠草原地区，在原古时期既是人类的捕猎对象，又是豺、狼、虎、豹等肉食动物的美味佳肴。但是，马却没有牛羊那样锋利无比的角去和自己的敌人斗争，唯一的办法就是用奔跑来躲避敌人，所以，为了随时逃亡，野马长期以来就养成了站着睡觉的习惯，这样它们就会非常警觉，稍微有点

第五章 自然界难题

动静它们就能立马脱逃，现在的家马虽然没有了古时候的敌人，可是它们却是从野马驯化而来的，所以也就保留了站着睡觉的生活习性。

44

答案：A 处暑。每年的8月7日~9日是立秋时节，二十四节气歌中有这么一句"立秋处暑八月间"，是的，立秋过后，在每年的8月22日~24日便是处暑，这个节气是紧跟着立秋而来的，处暑的意思就是夏季的火热已经到头了，暑气就要散了。它是温度下降的一个转折点。是天气转凉的象征，表示暑天终止。

45

答案：B 大象。非洲象是现存的陆地上最大的哺乳动物，它生活在从海平面至海拔5000米的热带森林、丛林和草原地带，喜欢群居，行动时由一只雄象率领，每天都游走不定，没有固定的生活场所，以野草、树叶、树皮、嫩枝等为食。

46

答案：B 蝙蝠。蝙蝠虽然飞行生活，但它仍像兽类那样长着四肢，飞行用的翼膜便生长在前后肢之间，它是皮肤扩展而成的，上面布有血管和神经，与鸟的翅膀有所不同。因此，蝙蝠是唯一一种能够飞翔的哺乳动物。

47

答案：C 脂肪。骆驼被称为"沙漠之舟"，是一种极其耐旱的动物，于是就有很多人误以为它不怕干旱的沙漠，是因为驼峰里面藏的全是水，其实并不是，骆驼的驼峰里是大量的脂肪。骆驼就是靠这些脂肪长时间地不吃不喝来维持生命的。当骆驼吃饱喝足以后，驼峰就变得鼓鼓的。大自然使驼峰长在骆驼的背上，就像装满食品的旅行袋，背着它能轻装上阵，在沙漠中自由行走。如果这些脂肪都长在身上，那么它就像河马那样肥胖，无法在沙漠中生存下去了。

48

答案：C 洗澡。鸡的身体上会附着一些鸡虱，翅膀羽毛上会附着些羽虱、羽虫。这些鸡虱会吸食鸡身上的血。羽虱、羽虫会吃鸡翅膀上的毛。鸡所以用沙来洗澡，是为了要驱除这些虫类。

49

答案：A 青海。藏羚羊生活在我国青藏高原（西藏、青海和新疆），有少量分布在印度拉达克地区。藏羚羊的栖息地是海拔3250~5500米（10,662~18,045英尺）的地方，更适应海拔4000米左右的平坦地形。这些地区终年平均温度低于零度，生长季节较短。

50

答案：B 三对足。自然界中，有

很多种昆虫，它们最主要的特征就是有三对足，像蚂蚁、蜜蜂、蝗虫等，就属于昆虫类。

51

答案：C衍射。峨眉佛光的出现其实是由于光的衍射造成的。发生衍射现象时，光在传播过程中由于通过了一个大小近似于光线波长的小孔，光线就以小孔为中心，形成环状向前传播。峨眉山地区森林茂密，河流众多。弥漫的水汽和云雾经常漂浮在半山腰。当人站在山顶上时，背对着阳光，太阳光从背后射过来，在射向云层之前通过薄雾的时候，光线在薄雾中的小水滴之间的空隙中通过，就出现了衍射现象。这时就能看到前方云雾上出现了一个巨大的彩色光环。

52

答案：B陕西。北京时间其实不是从北京发出的，而是从我国授时服务中心——陕西天文台发出的。这座天文台的原子钟房里有国际先进的铯原子钟和氢原子钟。这两种钟能长久地保持着高精度的标准时间，30万年才会差1秒钟。

53

答案：A庐山。从明代起，庐山的房子就开始使用铁瓦，到了民国以后基本上所有的房顶用的都是铁瓦。庐山地处长江和鄱阳湖之间，海拔1100多米，山高风大，冬季气温极低。房子上如果用陶瓦既容易被风吹跑，又容易冻裂。于是，人们在房顶铺一层木板，木板上铺一层油毡，再在上面盖上铁瓦，用铁钉把它们固定在房梁上。为了防止铁瓦生锈，人们还用油漆，刷出各种颜色的屋顶，既自然又美观。

54

答案：C尼亚加拉瀑布。尼亚加拉瀑布位于美国和加拿大的边境线，所以两国就把这条瀑布分割掌管了。瀑布被宽350米的山羊岛分为两部分，靠近美国的部分叫美国瀑布，靠近加拿大的部分像马蹄形状，所以人们就叫它马蹄瀑布。马蹄瀑布比美国瀑布宽一倍多。

离瀑布30千米的时候，我们就可以听到它轰隆隆的水声，走到近前，就见一条巨大的白色水流从半空直泻下来，水花四溅，形成一片连绵不绝的雨雾。夜幕降临后，瀑布边上巨大的彩灯就会齐放光明，瀑布如同五光十色的巨幅彩带，格外绚丽多彩。

55

答案：A世界板块。科学证明，没有火山，就没有如今的世界板块。火山可以使地面形成山，不会被海洋占据。如果地面一直被雨水冲刷，一定会逐渐变低，而且地面上的有利于生命生存的成分,也会冲入海洋。那样,生物将无法生存。

火山还有一个显而易见的功劳,就是把地下的矿产带到地面上来,形成矿床。我国鞍山铁矿、南京梅山铁矿、浙江平阳的明矾矿等的形成,都有赖于火山的爆发。火山爆发还向人们提供了白银、黄金、钻石晶体、镁、锂、铜、锰、铅、锌、硼酸、氨水等矿物呢。南极大陆的雷布斯火山灰中就含有纯金。

56

答案:A 佛罗里达。原来这是动植物尸体发生化学反应后的天然气在作怪。几百万年以来,海底的动植物尸体在淤泥中腐烂变质,就形成了大面积的气油田,在高压和极冷的条件下,这些化合物会随着海水分子存于海水中的各个部位。当周围的海水压力发生变化时,这些化合物会极速下沉,释放大量的天然气。天然气在上升过程中,随着水压降低而急速膨胀,海水密度减少,浮力降低,轮船就沉入海底了。当大量天然气流出海面时,会使氧气大量减少,假如刚好有飞机在上空,就会由于缺氧,使发动机熄火而坠毁。或者飞机的废气物引燃四周的天然气,使飞机化为飞烬。

57

答案:B 印度板块和亚欧板块。大约距今6亿年前,喜马拉雅山还是一片古老广阔的"特提斯"海,是古地中海的一部分。到了距今约7000万年前的时候,由于南印度洋的海底扩张,使原来在南半球的印度板块向北逐渐漂移,最后同北方的亚欧板块发生挤压和碰撞。处在这两个坚硬陆块之间的古海受挤压而猛烈抬升,形成高大的山脉。在地质历史上,称这次强烈的造山运动为"喜马拉雅运动"。

58

答案:A 存在。撒哈拉沙漠的名字源于阿拉伯语,意为"一无所有"。但实际上这里并非一无所有。生物的存在取决于水,而撒哈拉沙漠的地下储存有许多水,在地势低的地方甚至会流出水来。也有人打井取水,引水灌溉,形成茂盛的绿洲。这里的植物种类大约有1000种,其中枣椰树、三芝草、怪柳、合欢比较多。动物主要是耐干旱的骆驼、狒狒、鸵鸟、羚羊。这里的单峰骆驼有500万头,目前占世界骆驼总数的一半。地下矿产资源也非常丰富,有天然气、铀、铁、磷等,尤其是石油,它的储量为世界所瞩目。

59

答案:B 六七。每年从春季开始,暖湿空气势力增强,从海上进入大陆以后,与北方南下的冷空气相遇，由于从海洋上来的暖湿空气含水汽很大，冷暖交锋，形成长长的雨带。

如果冷空气势力比较强，雨带则向南移动；如果暖空气比较强，雨带则向北移动。但是，在梅子快要黄的这段时期，即每年六七月间，冷暖空气的势力相当，你追我赶，两种空气就在江南地区展开了"拉锯战"，因此就形成了长期阴雨绵绵的天气，也就是江南地区的梅雨天气。

60

答案：A 柴达木。被昆仑山、阿尔金山、祁连山等高大山脉合围的是我国重要的盆地之一。几千万年前这里就是一个大湖盆，而且生物很多。后来，生物遗体不断堆积，逐渐形成的石油和煤。湖水蒸发后，又形成了丰富的食盐、钾盐、石膏等矿。这里有大大小小的盐湖有100多个，食盐总储量有600亿吨之多。盆地内还含有丰富的矿产资源，种类多、储量大、品位高，人们称它为"聚宝盆"。盐、石油、铅锌和硼砂是盆地中的"四大宝"。

第六章 植物难题

　　植物早在二十五亿年前就出现在地球上了。最早出现的植物是生活在水中的菌类和藻类,直到四亿三千八百万年前,绿藻才摆脱了水域环境的束缚,首次登陆大地,进化为蕨类植物,为大地首次添上了绿装。

学习小博士
难倒大人的 科学题

1. 植物界的白蚁 ‖ 分数：2分

什么被称作"植物界的白蚁"？
A 地衣
B 苔藓
C 木耳

2. 花的寿命 ‖ 分数：2分

世界上寿命最短的花是什么花？
A 昙花
B 小麦花
C 牵牛花

3. 毛竹开花 ‖ 分数：2分

毛竹每年都开花吗？
A 是
B 不是

4. 玉米的好朋友 ‖ 分数：2分

玉米和（ ）是好朋友。
A 花生
B 果树
C 大豆

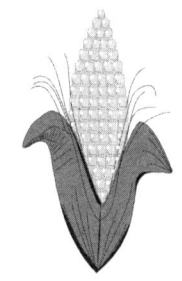

5. 竹子死亡 ‖ 分数：2分

如果竹子突然开花和大面积死亡，就可能发生（ ）。
A 水灾
B 火灾
C 地震

第六章 植物难题

6. 植物界的变色龙 ‖ 分数：2分

植物界的"变色龙"是（ ）。
A 红吉尔花
B 变色花
C 蝴蝶兰

7. 植物有心脏吗 ‖ 分数：2分

植物有心脏吗？（ ）
A 有
B 没有

8. 驱赶老鼠 ‖ 分数：2分

有一种植物，可以驱赶老鼠，它是（ ）
A 鼠毒草
B 鼠见愁
C 鼠不吃

9. 人和植物 ‖ 分数：2分

人类和植物谈话（ ）实现。
A 可以
B 不可能
C 绝对不能

10. 植物活化石 ‖ 分数：2分

（ ）是我国特有的世界珍稀物种，被誉为"植物活化石"。
A 银杉
B 雪杉
C 水杉

11. 吃人树　　‖分数：2分

世界上有吃人的树木吗？（　）

A　有

B　没有

12. "天下唯一"的树　‖分数：2分

世界上仅存的一棵，并且生长我国境内的树叫（　）树。

A　普慧耳枥

B　普陀耳枥

C　普陀鹅耳枥

13. 常青的秘诀　　‖分数：2分

松树四季常青，是因为在松树的叶子表面有一层（　）

A　蜡质层

B　防水蜡

C　绿色膜

14. 落叶朝向　　‖分数：2分

树叶从树上落下时，一般（　）向上。

A　正面

B　背面

C　没有规律

15. 红树林　　‖分数：2分

红树林被称为（　）。

A　防风伞

B　防水卫士

C　海岸卫士

16. 行道树之王 ‖ 分数：2分

"行道树之王"是（ ）树

A 法国杨柳

B 白杨

C 法国梧桐

17. 珙桐树 ‖ 分数：2分

珙桐树开的花像白鸽，所以又叫（ ）。

A 白鸽树

B 鸽子树

C 鸽树

18. 森林火灾隐患 ‖ 分数：2分

下列植物中，能够自燃的是（ ）

A 白杨树

B 白鲜树

C 白桦树

19. 灯笼树 ‖ 分数：2分

灯笼树会发光是因为体内含有（ ）

A 醚

B 磷

C 芳香油

20. 地衣的秘密 ‖ 分数：2分

地衣的生命力非常强，这是因为它是由一种真菌和（ ）共生的植物。

A 苔藓类

B 藻类

C 蕨类

21. 比钢铁还硬　‖分数：2分

比钢铁还硬的树是（　）
A　柏树
B　铁桦树
C　银杏树

22. 有的树木没有皮　‖分数：2分

有的树木没了树皮还能存活吗？
（　）
A　能
B　不能

23. 会笑的树　‖分数：2分

会咯咯笑的树叫（　）树
A　公主
B　梧桐
C　紫薇

24. 蔬菜皇后　‖分数：2分

在欧美的国家，（　）被誉为"蔬菜皇后"？
A　西红柿
B　土豆
C　洋葱

25. 长淀粉的树　‖分数：2分

（　）树可以从树干中刮下很多淀粉。
A　椰子树
B　西谷椰子树
C　淀粉椰子树

第六章 植物难题

26. 椰子树的习性 ‖ 分数：2分

椰子树喜欢喝（ ）水。
A 糖
B 盐
C 雨

27. 榕树之王 ‖ 分数：2分

在我国福建省（ ）森林公园有一株古榕树，堪称我国的榕树之王。
A 漳州
B 厦门
C 福州

28. 石油树 ‖ 分数：2分

有望成为石油植物的是（ ）
A 橡胶树
B 光棍树
C 白桦树

29. 植树节 ‖ 分数：2分

3月12日是全世界的植树节吗？（ ）
A 是
B 不是

30. 植树节的纪念意义 ‖ 分数：2分

我国的植树节定在3月12日，是为了纪念（ ）
A 毛泽东
B 孙中山
C 邓小平

31. 人参果　　∥分数：2分

在青海有一种人参果，地当百姓叫它（　）。

A　蕨麻

B　延寿果

C　蓬莱果

32. 梅子树　　∥分数：2分

梅子树是（　）的特产。

A　日本

B　法国

C　中国

33. 油橄榄　　∥分数：2分

橄榄能榨出橄榄油吗？（　）

A　能

B　不能

34. 西瓜　　∥分数：2分

西瓜的原产地是（　）

A　泰国

B　非洲

C　中国

35. 菠萝　　∥分数：2分

菠萝里含有（　），对口腔薄膜和嘴唇有较强的刺激。

A　菠萝碱

B　菠萝酶

C　食物碱

第六章 植物难题

36. 百年不落叶 ‖ 分数：2 分

百年不落叶的植物叫（ ）。
A 松树
B 柏树
C 百岁兰

37. 最大的花 ‖ 分数：2 分

世界上最大的花叫（ ）。
A 大王花
B 红叶花
C 大丽花

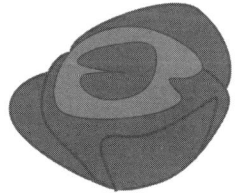

38. 向日葵追太阳 ‖ 分数：2 分

向日葵追太阳的秘密在于花盘下面的茎部有一种（ ）。
A 植物向阳素
B 植物综合素
C 植物生长素

39. 捕蝇草 ‖ 分数：2 分

捕蝇草靠吃（ ）为生。
A 昆虫
B 砂粒
C 小动物尸体

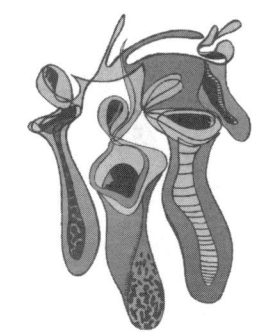

40. 无风自转的草 ‖ 分数：2 分

当气温达到 10℃ 时，有一种（ ）草的叶子会无风自转。
A 迷魂草
B 叶舞草
C 风流草

135

41. 冬虫夏草 ‖ 分数：1分

冬虫夏草是（ ）。
A 菌类
B 虫子
C 草

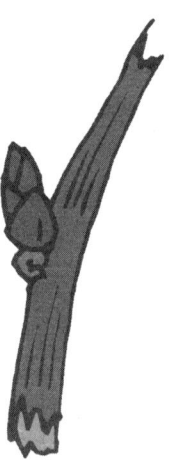

42. 碘的仓库 ‖ 分数：1分

（ ）被科学家说成是碘的仓库。
A 海带
B 海水
C 食盐

43. 玉米的胡子 ‖ 分数：1分

玉米的胡子是它的（ ）。
A 雄性花
B 雌性花
C 花柱

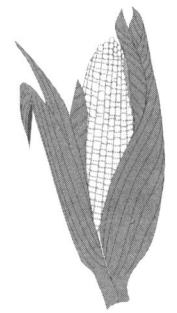

44. 纷飞的毛毛 ‖ 分数：1分

春天的白毛毛是从（ ）上飞来的。
A 榆树
B 槐树
C 柳树

第六章 植物难题

45. 结番茄的树 ‖ 分数：1分

有一种树能结"番茄"，并与草本番茄是近亲，这种树叫做（ ）

A 树番茄

B 番茄树

C 西红柿树

46. 果中之王 ‖ 分数：1分

"果中之王"是对（ ）的尊称。

A 荔枝

B 橘子

C 苹果

47. 美人松 ‖ 分数：1分

有"美人松"之称的是（ ）

A 金钱松

B 长白松

C 红松

48. 北国宝树 ‖ 分数：1分

被称为"北国宝树"的是（ ）

A 金钱松

B 长白松

C 红松

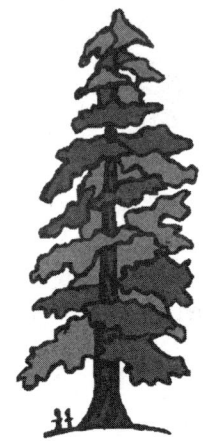

49. 叶片上的水珠 ‖ 分数：1分

清晨，在路的两旁的草地上，常常可以看到叶片的边缘上悬挂着一颗颗晶莹欲滴的水珠，这是（ ）。

A 雨水

B　汗水

C　植物吐出的水

50. 改变味觉　‖分数：1分

（　）能引起味觉的暂时变化。

A　神秘果

B　杨梅

C　猕猴桃

51. 植物的作用　‖分数：1分

植物是氧气的"制造者"，又是（　）的"消费者"。

A　氮气

B　二氧化硫

C　二氧化碳

52. 植物会变性　‖分数：1分

植物的体内含有（　），所以环境发生变化时，植物会改变性别。

A　激素

B　糖分

C　水分

53. 植物的"友情"　‖分数：1分

把西红柿和黄瓜种植在一起会相互（　）生长。

A　促进

B　抑制

54. 蚁栖树　‖分数：1分

蚁栖树和（　）合作最好。

A　益蚁

B　啮叶蚁

C　黄蚁

第六章 植物难题

55. 植物的感觉 ∥分数：1分

当你拿着火把靠近一棵小树苗时，它（ ）感到恐惧。

A 不可能
B 不会
C 会

56. 感觉最灵敏的植物 ∥分数：1分

感觉最灵敏的植物是（ ）。

A 竹子
B 蒲公英
C 含羞草

57. 植物发芽时机 ∥分数：1分

苹果种子在 0℃ 环境下持续（ ）小时才能发芽。

A 14
B 140
C 1400

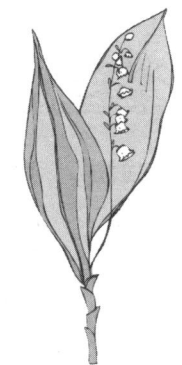

58. 不怕冷的树 ∥分数：1分

松树的叶子很小，表面还有一层（ ），所以它不怕寒冷。

A 蜡质
B 防水胶
C 绿薄膜

59. 仙人掌的叶子 ∥分数：1分

仙人掌的叶子为了减少水分的

蒸发，逐渐变成了（ ）。
A 根
B 茎
C 刺

(1) AB 型
(2) B 型
(3) O 型

60. 植物的"血型" ‖ 分数：1 分

苹果树的"血型"是（ ）。

答案部分：

第六章 植物难题

1

答案：A 地衣。因为地衣既可以促成土壤中多种营养物质的提取和再循环，又能把各种石块弄碎变成土壤供其他植物生根。

2

答案：B 小麦花。花的寿命都是比较短促的，如玉兰、唐菖蒲等能开几天，蒲公英从上午7时开到下午5时左右，牵牛花从凌晨4时开到10时。昙花从晚上8～9时开花，只开3～4小时就萎谢了；由于它开花时间短，所以有"昙花一现"的说法。世界上寿命最短的花是小麦花，它只开5～30分钟就谢了。世界上寿命最长的花，要算生长在热带森林里的一种兰花，它能开80天。

3

答案：B 不是。毛竹要经过50～60年后才开花，它一生只开一次花，花开完后就逐渐死亡。植物从出苗到开花的生长时间称为花龄。不同的植物花龄相差很大。沙漠中的短命菊，出苗以后几个星期就开花结果，完成了生命周期。

4

答案：C 大豆。玉米和大豆天生是一对好朋友，大豆的根瘤菌相当于一个天然的氮肥加工厂，可以将空气中的氮固定到土壤中，随时给玉米提供所需要的氮肥，使它能够茁壮成长。

5

答案：C 地震。我国地震学家通过长期的调查发现，在地震来临之前，许多植物也会有异常现象。比如蒲公英在初冬季提前开花，竹子会突然开花和大面积死亡，山芋藤也会突然开花等。

6

答案：A 红吉尔花。红吉尔花是植物中最为典型的"变色龙"。它如果生长在平原上，就会开出鲜红色的花朵；如果生长在海拔较高的山上，就会开出粉红色的花朵，或者是白色的花朵。

7

答案：A 有。印度有一位植物

学家鲍斯，曾做过这样的实验：他拿着一个耙子在一种植物跟前晃动时，植物的触须也会跟着摆动，似乎在用触须阻止这个耙子伤害它。鲍斯通过这个实验，他想着植物既然会担心，那么就该有心脏。于是，鲍斯制造了一种心动曲线仪，结果表明，树木类植物不但有心脏，而且还有脉搏，并测出心脏的活动周期约1分钟。

8

答案：B 鼠见愁。鼠见愁又名药用倒提壶，是自古以来十分著名的驱鼠植物。药用倒提壶属于紫草科，是两年生药用植物，主要分布在欧洲和亚洲北部。它的植株晒干后，就能发生一种气味，使鼠类无法忍受，鼠类一旦闻到它就马上抱头逃窜，更不用说靠近它了。有的老鼠遇到"鼠见愁"时，情愿跳到水里被淹死，也不愿越过放有"鼠见愁"的地方。

9

答案：A 可以。多年前，前苏联摩尔维达维亚科学院为了让人们同植物对话，制成了一台信息测量综合装置，当时在场的生物学家、植物病理学家、细胞学家、遗传学家、生物物理学家、气象学家、化学家、物理学家和软件学家，每人都掌握了几种植物的语言，通过仪器可以进行同步翻译。看来，人们与植物谈话已经不是天方夜谭了。

10

答案：A 银杉。银杉是我国一级保护植物，也是我国特有的世界珍稀物种，因其叶背的中脉两侧具有两条粉白的气孔带在阳光照射下闪闪发光而得名。银杉被誉为"活化石"、"森林中的珍珠"、"植物界的大熊猫"。

11

答案：A 有。在印度尼西亚的爪哇岛上，有一片原始森林，森林里生长着吃人树——奠柏树。这种树长有许多柔韧的枝条，长长的，拖在地上，如果人不小心触动一根枝条，千百条枝条就会同时袭卷过来，把人紧紧缠住，人越挣扎树枝缠得就越紧，直到把人缠死。同时，奠柏树还会从树枝里分泌出一种很黏的胶汁，慢慢地把人消化掉。然后枝条停止分泌，重新舒展开，等待下一个猎物的到来。

12

答案：C 普陀鹅耳枥。世界上很多物种都濒临绝境，但是仅存活一棵的树种却不多见。在我国佛教四大胜地之一的东海普陀山上，就有一棵世界上仅有的普陀鹅耳枥树。这棵树大约200岁，生长在海拔260米的普慧寺西侧山坡上。从外表看上去并没有什么出众惊人之处。它高约13米，树干直径63.7厘米，树皮呈灰白色，树叶呈椭圆形，叶的边缘有锯齿。

13

答案：A 蜡质层。松树叶子表面的一层蜡质层，不仅可以减少水分的蒸发，使树木在干燥的秋冬季节保持充足的水分，而且当天冷的时候，还可以有效地保护树叶不受寒冷的侵袭。

14

答案：B 背面。当叶子变黄脱落时，叶子背面的海绵组织里的水已经被蒸发完，相对于结构紧密的叶面轻一些，所以叶子背面就朝上了。

15

答案：C 海岸卫士。由于红树林特殊的繁殖习性和拥有强大的根系，使得茂密的红树林能够在海岸上形成一座绿色长城，可以抗风拒浪、固堤护岸。同时，红树林不断地把海水沉积物固定起来，加上落叶、鸟粪等物质的聚集，使之形成新的陆地。红树林还为海边的鸟类、鱼虾提供了栖息繁殖的场所，成为维持海岸生态平衡的基地。所以，我们称红树林为"海岸卫士"。

16

答案：C 法国梧桐。法国梧桐不仅可以在夏天为行人遮阳，它还是净化空气、阻隔噪音的高手。它的叶大，背面多绒毛，树冠宽广，所以滞尘能力很强。它对二氧化硫、氟化氢、氯气、铅蒸气等有害气体也有较强的吸收能力。再加上法国梧桐的适应能力强，耐旱耐涝，适合在各种土壤中生存，所以成为举世公认的"行道树之王"。

17

答案：B 鸽子树。珙桐树俗称"鸽子树"，是我国特有的树种。珙桐是落叶乔木，很像桑叶树，高20多米，每年四五月开白花，花形很像白鸽，所以有人叫它"鸽子树"。

18

答案：B 白鲜树。在我国新疆天山地区有一种白鲜树，它的叶子里含有醚，醚的燃点很低。当白鲜的果实成熟时，醚的含量也达到饱和，如果这时阳光强烈，白鲜就会自燃了。

19

答案：B 磷。灯笼树吸收土壤里磷质的本领非常强，这些磷质分布到树叶上，能放出少量磷化氢气体，这些气体的燃点低，遇到空气中的氧就会发出淡蓝色的火焰，这是温度很低的冷光，不会引起火灾的。这种光的强度与树的大小成正比，树长得越大，发出的光就越强烈。在晴朗无风的夜晚，这些冷光聚拢起来，就像山间的一盏盏路灯一样。

20

答案：B藻类。地衣的生命力极强，它是植物王国中最特殊的一类，是一种真菌和藻类共生的植物。真菌的根状组织像锚一样紧扣地面，为藻类吸收水分和矿物质；藻类则通过光合作用为真菌提供营养物质。两种植物共生在一起，互利互惠，彼此适应环境的能力特别强，是共生现象中最完美、最突出的组合。

21

答案：B铁桦树。铁桦树的木质极其坚硬，连子弹都打不进去。经测定，这种木质比普通的钢还要坚硬一倍。这种树木是我国制造车辆和轮船最珍贵的材料，它还可以代替钢铁，用于机械工业中。如果有人将这种木头造成小木筏，那无异于自杀，因为这种木头在水里一下子就沉底了。

22

答案：A能。树皮是树木运输营养和水分的交通大道，所以一般的植物如果没有了树皮都无法存活。但是有一种叫栓皮栎的树却不怕剥皮。这是因为在栓皮栎树木的表皮下面，有一些起保护作用的栓皮层。普通树木栓皮层中的细胞死亡后就会脱落，长出新的栓皮细胞来。而栓皮栎栓皮层的死亡细胞并不脱落，而是逐年积累得越来越厚。

23

答案：C紫薇。会"咯咯"笑的树叫紫薇树。紫薇属于屈菜科，俗称"怕痒树"。由于花期特别长，7月至10月花开不断，又名百日红。紫薇树长大以后，年年都要生出表皮，年年都又自行脱落，表皮脱落以后，树干显得新鲜而又光滑。如果人们轻轻触摸一下，立即会枝摇叶动，浑身颤抖，甚至会发出微弱的"咯咯"响动声。年老的紫薇树表皮不再脱落，筋脉挺露，莹滑光洁，也就不再会笑了。

24

答案：C洋葱。洋葱原产于西南亚，在欧美的国家，洋葱被誉为"蔬菜皇后"。以种植洋葱闻名的国家是意大利、墨西哥、西班牙和美国。医学研究证明，洋葱的营养价值并不高，却有较高的药用价值。它含有多种维生素和氨基酸，所含的微量元素硒可以降低癌症的发病率，是很好的保健食品。它还具有降血糖、预防感冒、利尿、祛痰、增进食欲、抑制细菌等作用。

25

答案：B西谷椰子树。在菲律宾、印尼等国家生长着一种西谷椰子树，它应该算是树干中含淀粉最多的树木了。据统计，一株10米高，直径20～25厘米粗的树干可以刮出100千克的干粉。这些干粉经过加工，就可以制成洁白的西谷米。这种米煮熟后和大米吃起来感觉很像。那里的人都把这种米当作主食。一个人在西谷椰子树林里刮一天的干粉，就够吃上一年了。

26

答案：B 盐。椰子树最喜欢喝盐水，它们只有生长在有盐分的土壤里，才能够快速成长。其实如果想把它移植离开海也可以，只是需要经常在它的根部加盐，或经常浇灌盐水。但是移植到北方是不行的，因为那里的气候太冷了，它适应不了。

27

答案：C 福州。榕树是福建省树，福州简称榕。在福建，独树成林的古老榕树不计其数。福建省福州森林公园一株古榕树，树冠遮天蔽日，盖地十多亩，成了绿荫大世界，堪称我国榕树之王。

28

答案：B 光棍树。光棍树，顾名思义，就是树木光秃秃的，没有叶子，不见花，只有像棍子一样的躯干和枝丫。它主要生长在热带的沙漠地区，它长成这种样子完全是为了适应沙漠里干旱的环境，在它的枝条里能分泌一种乳白色的有毒液体，可以防止病虫害。如果这种液体接触皮肤，就会引起过敏，使皮肤红肿。据分析，这种液体可以提取燃料，有希望成为石油植物。

29

答案：B 不是。3月12日只是我国的植树节，并不是全世界各个国家的公共植树节，因为全球气候不同，所以各国最有利的植树时间也就各不相同，这就形成了一年四季都有植树节的现象。1月：约旦、马拉雅；2月：西班牙；3月：中国、法国、瑞典；4月：美国、日本、德国、朝鲜；5月：加拿大、澳大利亚；6月：缅甸；7月：印度、尼泊尔；8月：新西兰、巴基斯坦；9月：泰国、菲律宾；10月：哥伦比亚、古巴；11月：英国、新加坡、意大利；12月：印尼、黎巴嫩。

30

答案：B 孙中山。我国的植树节定在3月12日，是因为在惊蛰节气之后，树木极容易成活，而且这一天也是孙中山逝世的日子。

31

答案：A 蕨麻。根据植物资源调查发现，在甘肃、青海一带确实有一种叫人参果的植物，它不是参天大树，而是野生的蔷薇科多年生草本植物，当地百姓叫它"蕨麻"。人参果又名延寿果、蓬莱果，是营养丰富的医疗保健型蔬菜、水果兼用的果实。

32

答案：C 中国。梅子树是中国的特产，梅子不但可以生吃，还可以加上糖、盐浸泡，晒干后制成陈皮梅、话梅、糖梅，也可以做成酸甜可口的梅酱和酸梅汤。半熟的梅子经过烟熏后制成乌梅，还是一种治疗痢疾、红驱蛔虫、治咳嗽的中药呢。

33

答案：B 不能。橄榄油被誉为"品质最佳的植物油"，但它并不是从橄榄里榨出来的，而是从一种专门的油料植物——木樨科的油橄榄榨取的。这种橄榄油芳香可口，营养丰富。这种油在化学结构上是最接近母乳的植物油，很容易被人体吸收。油橄榄是一种常绿的树木，它的故乡在地中海一带。油橄榄是意大利、西班牙、南斯拉夫和葡萄牙的主要油料作物。

34

答案：B 非洲。虽然我国种西瓜的历史悠久，品种良多，但西瓜的故乡却是非洲。

35

答案：B 菠萝酶。我们都知道，在吃菠萝的时候需要蘸着盐水吃。这是因为菠萝里含有丰富的糖分、维生素C和多种有机酸，还含有一种叫做"菠萝酶"的特殊物质。如果吃了没有蘸盐水的菠萝，口腔和嘴唇就会有麻木刺痛的感觉。这是菠萝酶的作用，它能够分解蛋白质，对我们口腔中的薄膜和嘴唇都有较强的刺激。而食用盐能抑制菠萝酶的活性。

36

答案：C 百岁兰。在安哥拉海岸，生长着一种叫百岁兰的植物，一生只长两片叶子，不凋不谢，叶片基部生长的同时，叶片末端开始干枯。它的叶子常青不落，而且能活百年以上，叶子的寿命为植物界中最长的。

37

答案：A 大王花。世界上最大的花就是大王花，也叫阿诺蒂大草花、大花草，它生长在印度尼西亚的爪哇岛和苏门答腊岛的热带森林里。这种花的花瓣最大的直径有1.4米，5片火红的花瓣上散布着淡黄色凸起的斑块，犹如红丝绒上撒着几粒黄宝石一般，格外华丽。花瓣的中间有个直径0.3米的大圆盘，像个大脸盆一样。

38

答案：C 植物生长素。向日葵追太阳的秘密就在于花盘下面的茎部里含有一种"植物生长素"。这种生长素怕光，一遇光线照射，就会躲到背光的一面去，同时它还刺激背光一面的细胞迅速繁殖，所以，背光的一面就比向光的一面生长得快，使向日葵产生了向光性弯曲。

39

答案：A 昆虫。捕蝇草由于缺乏某些营养，叶子逐渐发生变化，靠捕捉和消化昆虫来满足对营养的需要。捕蝇草的原产地是北美洲。这里有一件很有趣的事就是，捕蝇草的叶子虽然对昆虫等小动物能发生反应，但是对灰尘、小砂粒以及其他死物却没有反应。

40

答案：A 迷魂草。有一种叫"迷魂药"的木本豆科植物，在无风的情况下会转动。这些植物的叶子对太阳光特别敏感，如果气温达到10℃，两片小叶子在无风的情况下，就会自动地以叶柄为轴，围绕着大叶子舞动旋转一圈，然后又快速弹回，再行转动，日夜不停息。有时它们也会上下方向摆动，摆动的快慢颇有节奏，而叶柄和大叶则纹丝不动。

41

答案：A 菌类。冬虫夏草的模样十分奇特——它下部是像蚕一样的昆虫，上部却长了一株小草。其实，它的下部真的是虫体，是一些蛾类昆虫的幼虫尸体；虫体上部长的却不是草，而是跟香菇、木耳同类的一种真菌——麦角菌。

42

答案：A 海带。经过验证，海带里含碘量非常高。100克海带里含碘为1克，这个含量比例在所有植物中是最高的。所以科学家说海带是碘的仓库。

43

答案：B 雌性花。玉米又称玉蜀黍，属于禾本科植物，为一年生草本，原产于热带地区。玉米的花分为雄性花和雌性花。雄性花生长于顶端的圆锥花序，雌性花序为腋生，生长在许多苞片内。当上面雄花的花粉落到下面的雌花上面，就能长出玉米来了。雌花生长在叶片中间，被许多片叶状苞片或鞘所包围，花柱长，形状像红线一样，也就是我们所见到的"胡子"。

44

答案：C 柳树。每当春天来临天气变暖的时候，走在林荫道上，我们会发现在柳树上飞舞着许多像棉花一样的白毛毛，许多小朋友看到以后，总喜欢跑着去捉。这些白毛毛叫"柳絮"，每年春天它们就开始在空中、大街上、公园里、院子里到处飞舞，姿态很优雅。如果把它们捡起来仔细看看，会发现在白毛毛的里面有个小小的黑点，这个小黑点就是柳树的种子，这些种子就是靠飞舞的白毛毛，把自己带到其他地方或很远的地方去。

45

答案：A 树番茄。在我国云南，有一种树能结"番茄"，这种能结"番茄"的树与草本番茄是近亲，均属茄科，这种名叫"树番茄"的树，是高达5米的常绿小乔木。树番茄的树叶很像茄子，它能开出粉红色的花朵，浆果卵形，表面光滑，成熟的果实为橘黄色或略带红色。当果实成熟时，一树一树的番茄果，掩映着绿色的树叶，更加逗人喜爱。

46

答案：A 荔枝。荔枝好吃，荔枝树也有许多用处。它的木材坚实，纹理细致，可制上等家具，果壳、果核可以作药材，核仁加工成淀粉也可食用。此外，荔枝鲜果及干制品，是名贵的出口商品，能为国家赚取外汇。因此人们称荔枝为"果中之王"。

47

答案：B 长白松。长白松，高20~30米，是长白山独有的珍稀树种。由于它树干高大、挺拔、材质优良、树形优美、姿态俊秀、逗人喜爱，因而当地居民就叫它"美人松"。

48

答案：C 红松。红松一般生长在我国东北山区的东部，又叫果松、海松，属于中性树种，幼时需一定程度的庇荫，长大后逐渐喜光，才能生长较快，成林后能保持水土，改善生态环境，调节气候，而且红松全身都对人类社会有着广泛的用途。红松木材不仅质地轻软、易加工、耐腐蚀性强，而且制出的成品光泽美观、工艺价值高，建筑、交通、矿山等各行各业都离不开它，红松因此深受人们欢迎，被誉为"北国宝树"。

49

答案：C 植物吐出的水。当天气很热的时候，空气如果很湿润，植物发达的根仍然在大量吸水，可是夜晚气温下降的时候，叶片上的气孔也关闭了，水分就不能大量地从叶片上的小孔里蒸发出去了。这样一来，植物"喝"进来的水越聚越多，超过了它的需要。于是，过多的水分就从叶尖或叶子的边缘里分泌出去，形成水珠，也就是我们看到的"吐水现象"。

50

答案：A 神秘果。神秘果是生长在非洲热带丛林中的一种常绿灌木植物结出的果实。这种果实呈朱红色，只有2厘米大小，有少量稍带甜味的果肉，里面包含着一颗较大的种子。别看它不怎么起眼，可是它却神奇无比。吃了"神秘果"以后，不论你吃苦的李子，还是酸的柠檬，都会感到它们是甜的，而且香甜可口，神秘果因此得名。经过检验，原来它里面含有一种叫糖朊的活性物质，人吃了它以后，这种物质就沾到舌尖上，使主管酸、涩、咸、苦的味蕾闭塞，而主管甜味的味蕾却放开，所以引起味觉的暂时变化。

51

答案：C 二氧化碳。植物对于人类是不可或缺的，离开了植物，人类也就无法生存下去了。植物既是地理环境的产物，又是地理环境的创造者。当今地球大气的成分，就是植物生命活动参与的结果。植物在地球上随处可见，它们利用自己的叶子进行光合作用，为我们人类提供每天呼吸所必需的氧气。地球上的氧气约占大气的21%，如果没有补充，这些氧气只能够使用五十年左右。正因为有植物的存在，地球上的氧气和二氧化碳的含量才大致保持稳定，人类才得以生存。所以说，植物是氧气的"制造者"，又是二氧化碳的"消费者"。

52

答案：A 激素。有些植物是雌雄异株，它们无法改变性别，但有些雌雄同株的植物却可以改变性别，菠菜就是其中的一种。在高温的影响下，雌株菠菜会变成雄株菠菜。更让人惊奇的是，番木瓜受了外伤也会改变性别。而且有的植物如果刚开的花或结的果子被人摘了，它也会生气地变性。这是为什么呢？

原来，植物体内和人一样含有激素，正常情况下，激素可以稳定植物的性别。但如果环境发生变化，出现干旱、日照变化、植物受到损伤等情况，激素的分泌就会紊乱，这样就直接导致了植物的性别发生变化。

科学家经过长期观察发现，植物变性有一定的规律：在温度、水分等诸多环境状况比较优越的情况下，植物会出现雌性化现象；在环境变得比较恶劣时，植物就会出现雄性化现象。

53

答案：B 抑制。和动物之间一样，植物之间既有"相生"的朋友，又有"相克"的敌人。

玉米和大豆就是一对好朋友，大豆的根瘤菌相当于一个氮肥厂，可以把空气中的氮固定在土壤中，随时给玉米提供氮肥，使它苗壮成长。杨树是苹果树和梨树的好朋友，杨树不但可以促进果树的生长，还

学习小博士
难倒大人的科学题

能增强果树的耐寒能力。除此之外，百合花和玫瑰、紫罗兰和葡萄也是好朋友。

但是，植物之间也有不能和平相处的。如果把玫瑰花和木樨草插在一个花瓶里，木樨草很快就会枯死，而枯死后的木樨草枝叶又会在水中分泌毒液，把玫瑰花置于死地。在蓖麻丛中种上小小的盖菜，就会使蓖麻下面的叶子枯死。西红柿和黄瓜都是夏天常见的蔬菜，但如果把它们种在一起，两种都会减产。此外，小麦会抑制大麻、芝麻和荠菜的生长。

54

答案：A 益蚁。植物经常会被动物侵扰，但也有不少动物可以帮助植物生长。比如啄木鸟就是树木的医生，但动植物中配合最好的要数益蚁和蚁栖树。

蚁栖树生长在巴西的森林里，树木高大，茎上有像竹子一样的节，叶子像手掌。它的树干中空，外面有许多小孔，益蚁就生长在里面，并在这里生儿育女，这也是此树得名的原因。

在这个森林里还有一种啮叶蚁，专吃树叶，奇怪的是，它们从不找蚁栖树叶的麻烦。原来，它们害怕益蚁。平时，益蚁就在树里生活，当遇到啮叶蚁来吃树叶，益蚁就会群起而攻之。蚁栖树有了益蚁当警卫，就可以安心地成长了。

蚁栖树不但给益蚁提供住宿，还提供了营养的食物。在蚁栖树柄的基部有一丛毛，里面会不断生出许多富含蛋白质和脂肪的小卵，为益蚁提供了充足的食物。

就这样，蚁栖树为益蚁提供食宿，益蚁保护蚁栖树，双方组成了密不可分的"蚁树联盟"。这种现象在生物学上叫做"共生"。

55

答案：C 会。印度植物学家鲍斯，曾做过这样的实验：他拿着一把耙子在一棵植物前晃动，结果，植物的触须也会跟着摆动，似乎在用触须阻止耙子伤害它。通过实验，鲍斯作了设想，认为植物也有心脏。鲍斯制造了一种心动曲线仪，结果发现，树木类植物不但有心脏，而且还有脉搏，心脏的活动周期约为1分钟。

既然植物有心脏，那么就一定会有感情。1966年，美国一位叫巴克斯特的科学家，把测谎器的电极接在龙血树的一片叶子上，先给龙血树浇了一些水，这时仪器上出现了平稳的锯齿样曲线，好像心情很舒坦。接着，他将龙血树的一片叶子浸入一杯热咖啡里，仪器马上出现了轻度的害怕反应，但害怕得不那么厉害。最后，他决定用火烧这片叶子。当他拿着火柴靠近龙血树时，仪器的指针产生了强烈的摆动，显然这是一种恐惧的表现。当巴克斯特收回火柴，龙血树又恢复到正常状况。现在你明白了吧，树和人类一样，同样是有感情的，我们一定要爱护它们哟！

56

答案：C 含羞草。感觉最灵敏的植物要数含羞草。含羞草别称"知羞草"、"怕痒花"、"惧内草"，喜欢生长在阳光充足的草地上。它是一种豆科植物，叶互生，具二回羽状复叶。在含羞草的小羽片、羽轴和叶柄的基部，都有一个肥大部分，叫叶枕。含羞草的叶子具有相当长的叶柄，柄的前端分出四根羽轴，每一根羽轴上生有两排长椭圆形的小羽片。它大约在盛夏以后开粉红色的花。如果轻轻碰一下含羞草，它的叶子会很快闭合。如果触动它的力量大一些，它会连枝带叶都下垂。经过研究表明，含羞草在受到刺激后0.08秒钟内，叶子就会合拢，而且受到的刺激还能传导到别处，传导的速度最快每秒达10厘米。

57

答案：C 1400。植物可以感觉到气温的变化。植物的种子里都有胚芽，许多植物的胚芽经过一定时期的冷藏储存能量后，便能对气温升高或日照变长等作出反应。有人通过实验发现，苹果种子里的胚芽在接近0℃的环境里，需要持续1400小时后才能开始生长。也就是说，只有经过冬天的寒冷，植物才能停止休眠，开始生长。

而那些已经长出了叶子的植物，则是根据昼夜的变化来判断时令的。当它感到适宜的昼夜周期后，就会分泌出一种能促使花芽形成的物质，这种物质随着光合作用产生的营养，一起供给花，让花快速生长。

58

答案：A 蜡质。树叶的脱落可降低水分的散失，深秋或旱季落叶，可看作是植物避免过度蒸腾的一种适应行为。而松树的叶子呈针状，也称松针，柏树的叶呈扁平状。这些叶子的表面有一层蜡质，表皮厚，角质层发达。这些结构能减少蒸腾，适应干旱环境；并且在天冷的时候，还可以保护树叶不受寒冷的侵袭，所以终年常绿。

松树叶子的寿命通常是4年左右，每一年都会有一些老叶子脱落，并长出一些新的叶子。但即使是一棵停止生长的松树，它每年掉的叶子，也只是它所有叶子的1/4而已，而且很快就会得到补充。所以松树虽然也有落叶，但看上去却是常青的。

59

答案：C 刺。仙人掌，又名仙巴掌、观音掌。仙人掌的老家在沙漠，为了适应干旱少雨的气候环境，仙人掌不断地改变自己的形态。经过与干旱长期斗争，仙人掌的茎增大了，叶子也渐渐消失了，取而代之为茎上一根根的小硬刺或密密麻麻的茸毛。仙人掌的叶子退化后，绿色的茎通过光合作用来制造营养。仙人掌的样子，既可以保证充足的水分和养料，也可以最大限度地减少水分蒸发，所以说仙人掌的刺就是它的叶子。

另外，沙漠地带的假叶树、梭梭、光棍树等许多植物都没叶子，这样不仅可以减少水分的蒸发，还可以减少被动物吃掉的机会。

60

答案：（3）O 型。植物的"血型"首先是被日本的法医山本发现的。在一次偶然的案件中，山本发现荞麦皮的"血型"是 AB 型的，他就扩大研究范围，共对五百多种植物的果实和种子进行了研究，从而发现植物也是有"血型"的。苹果、草莓、南瓜、萝卜、山茶、辛夷、山械等 60 种植物的"血型"是 O 型；珊瑚树、罗汉松等 24 种植物的"血型"是 B 型；荞麦、金银花、李子、单叶枫等的"血型"是 AB 型；只是尚未找到"血型"为 A 型的植物。

植物本无血液，何以有血型之分呢？根据现代分子生物学的基础理论可知，所谓人类血型，是指血液中红血球细胞膜表面分子结构的类型。而植物体内相应存在着汁液，这种汁液细胞膜表面同样具有不同分子结构的类型，这也就是植物也有"血型"的奥秘所在。

第七章 动物难题

　　神秘莫测的动物世界总是呈现出让人惊诧的奇异现象,你了解这些动物的多样性吗?你知道哪些动物有特殊的本领吗?你体验过探索动物的乐趣吗?如果你的回答是没有,那么千万不要说你喜欢动物。

1. 蘑菇蚁　　　分数：2分

蘑菇蚁靠吃野生蘑菇为生吗？

A　是

B　不是

2. 杀人蚁　　　分数：2分

被称为"杀人蚁"、"城市杀手"的蚂蚁是（　）

A　切叶蚁

B　法老蚁

C　火蚂蚁

3. 攻击人类的蚂蚁　　　分数：2分

进攻人类的蚂蚁是（　）

A　切叶蚁

B　法老蚁

C　火蚂蚁

4. 猿猴　　　分数：2分

猿猴是猴吗？（　）

A　是

B　不是

5. 最大的动物　　　分数：2分

地球上最大的动物是（　）

A　恐龙

B　蓝鲸

C　大象

6. 倒着飞的鸟　　　分数：2分

什么鸟能倒着飞？

A　火烈鸟

B　蜂鸟

C　鹰

第七章 动物难题

7. 最长寿的动物　‖分数：2分

世界上最长寿的动物是（　　）
A　海龟
B　大象
C　恐龙

8. 蜘蛛　‖分数：2分

蜘蛛是昆虫吗？（　　）
A　是
B　不是

9. 足尖尝味道　‖分数：2分

可以用足尖尝味道的昆虫是（　　）
A　蚂蚁
B　苍蝇
C　蜜蜂

10. 会唱歌的海洋动物　‖分数：2分

哪种海洋动物会像鸟儿一样唱歌？（　　）
A　白鲸
B　海豚
C　海狮

11. 太空动物　‖分数：2分

第一个进入太空的动物是（　　）
A　黑猩猩
B　猴子
C　狗

12. 鸟类滑翔原理　‖分数：2分

鸟在空中翅膀不动也不会掉下来是因为（　　）的帮助。
A　热风向

155

B 太阳能
C 热空气

13. 百灵鸟洗澡 ‖ 分数：2分

鸟类除了水浴之外，还有日光浴、沙浴、蚁浴等许多洗澡方式。那么，百灵鸟的洗澡类型属于（ ）。

　　A 水浴
　　B 沙浴
　　C 日光浴

14. 小鸟睡觉 ‖ 分数：2分

小鸟在树上睡觉不会掉下来，是因为鸟的脚上有一种像（ ）一样的机关。

　　A 钩子
　　B 锁扣
　　C 钳子

15. 鸟巢的作用 ‖ 分数：2分

大部分鸟类都把鸟巢当作是（ ）

　　A 睡觉的地方
　　B 产房和育儿场所
　　C 遮挡风雨的地方

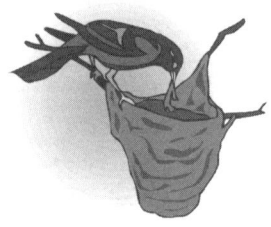

16. 喜鹊的叫声 ‖ 分数：2分

喜鹊的叫声有（ ）的作用。

　　A 晴雨表
　　B 报喜
　　C 报灾难

第七章 动物难题

17. 小杜鹃的孵化　‖分数：2分

杜鹃喜欢把自己下的蛋放到莺和（　）的巢中。

A　画眉

B　黄鹂

C　麻雀

18. 鸟蛋上的花纹　‖分数：2分

鸟蛋外面有一层（　），使蛋壳上的花纹经久不褪色。

A　粘膜

B　蜡

C　保护膜

19. 啄木鸟　‖分数：2分

啄木鸟每天都吃隐藏在树木里的害虫，所以它是（　）。

A　害虫专家

B　森林天使

C　森林医生

20. 猴子的天敌　‖分数：2分

猴子的天敌是（　）。

A　角雕

B　雄鹰

C　猴精

21. 燕子低飞　‖分数：2分

燕子在下雨前飞得低，是要（　）。

A　躲雨

B　下蛋

C　吃虫

22. 丹顶鹤　　‖ 分数：2分

丹顶鹤的幼鸟（　）丹顶。

A　有

B　没有

23. 猫头鹰的眼睛　　‖ 分数：2分

猫头鹰在白天睁一只眼闭一只眼，是为了（　）

A　防范敌人

B　捕食

C　看风景

24. 鸵鸟的翅膀　　‖ 分数：2分

鸵鸟的翅膀是用来（　）的。

A　飞翔

B　在快速奔跑时平衡身体

C　散热

25. 鸳鸯　　‖ 分数：2分

鸳鸯是动物界的恩爱夫妻吗？（　）

A　是

B　不是

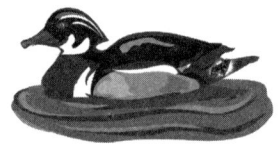

26. 孔雀开屏　　‖ 分数：2分

雌雄孔雀都会开屏吗？（　）

A　是

B　不是

27. 海鸥追轮船　　‖ 分数：2分

海鸥追逐轮船飞翔，是为了（　）

A　好奇
B　栖息到轮船上
C　省力和品尝美食

28. 鹦鹉学舌　‖分数：2分

鹦鹉真的能像人一样说话吗？（　）

A　能
B　不能

29. 鸿雁传书　‖分数：2分

鸿雁真能传书吗？（　）

A　能
B　不能

30. 昆虫走路　‖分数：2分

昆虫前行时，身子呈（　）形。

A　直线
B　"Z"字形
C　竖线

31. 蝗虫成群活动　‖分数：2分

蝗虫行动时成群结队与（　）习惯和生理习惯有关。

A　产卵
B　生活
C　觅食

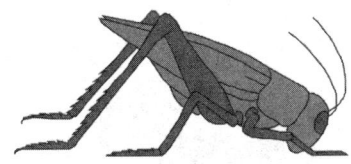

32. 蝴蝶的美丽翅膀

蝴蝶翅膀上的图案不但能起到

蒙蔽敌人的作用,还具有( )敌人的作用。
A 恐吓
B 观赏
C 破坏

33. 飞蛾"扑火"　‖分数：2分

飞蛾"扑火"是因为它( )。
A 喜欢火
B 需要温暖
C 把火光错认成月光

34. 萤火虫发光　‖分数：2分

萤火虫的发光器中有一种( )的物质可以发光。
A 亮光素
B 萤火素
C 荧光素

35. 不生病的苍蝇　‖分数：2分

( )能把细菌传染给人,自己却不会生病。
A 虫子
B 蜘蛛
C 苍蝇

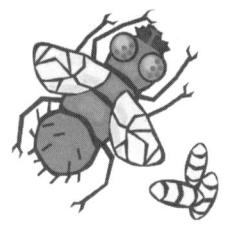

36. 蝉是聋子吗？　‖分数：2分

蝉是聋子吗？( )
A 是
B 不是

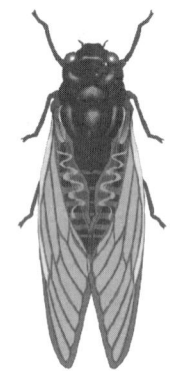

37. 蜻蜓点水　‖分数：2分

蜻蜓点水是在( )
A 嬉戏
B 喝水

C 产卵

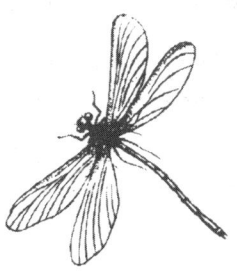

38. 螳螂的牺牲精神 ‖ 分数：2分

雌雄螳螂交配成功后，雌螳螂会（ ）雄螳螂。

A 赶走
B 吃掉
C 告别

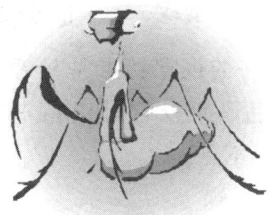

39. 多脚蜈蚣 ‖ 分数：2分

世界上最大的蜈蚣有（ ）只脚。

A 100
B 180
C 360

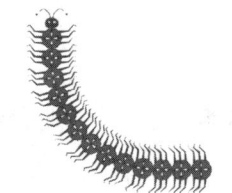

40. 蚊子吸血 ‖ 分数：2分

所有蚊子都吸食血液吗？（ ）

A 是
B 不是

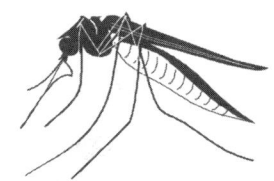

41. 跑得最快的鸟 ‖ 分数：1分

鸵鸟是跑得最快的鸟吗？（ ）

A 是
B 不是

42. 象鼻子的功能 ‖ 分数：1分

大象的鼻子除了呼吸的功能外，还具有（ ）和（ ）的功能。

A 嘴舌
B 手脚
C 手唇

43. 猴子的生活习性　∥分数：1分

我们经常看到猴子之间相互抓搔身子，其实是在抓对方身上的（　）

A　虱子

B　盐粒

C　脏东西

44. 美人鱼　∥分数：1分

（　）是一种海兽，有"美人鱼"之称。

A　儒艮

B　海豹

C　鲨鱼

45. 麋鹿　∥分数：1分

麋鹿是（　）的学名

A　像四物

B　四像

C　四不像

46. 斑马的条纹　∥分数：1分

（　）的视觉特点是只看到大面积的颜色，所以它对斑马身上黑白条纹视而不见。

A　舌蝇

B　苍蝇

C　蚊子

47. 变色龙　∥分数：1分

变色龙的学名是（　）

A 避役
B 蜥蜴
C 水獭

48. 老鼠啃书本　‖分数：1分

老鼠把书本啃坏后，旁边的那些碎屑是（　）
A 磨过牙没用的
B 拉到洞里保存的
C 啃下来吃的

49. 猫会做梦　‖分数：1分

猫在睡觉时，不停地摆尾巴，或呜咽着，说明它在（　）。
A 闹情绪
B 做梦
C 玩耍

50. 两栖动物　‖分数：1分

龟是不是两栖类动物？（　）
A 是
B 不是

51. 猪爱拱土　‖分数：1分

猪的（　）很特别，可以用来拱土。
A 鼻子
B 嘴巴
C 耳朵

52. 鲤鱼跃龙门　‖分数：1分

许多鱼到了快（　）的时候，身体里会产生一些能刺激神经的东西，由于这种生理上的变化，鱼儿也特别喜欢跳跃。
A 呼吸
B 死亡
C 生殖

53. 睡觉的金鱼　‖分数：1分

金鱼睡觉时会闭起眼睛吗？（　）

A 会

B 不会

54. 老虎的斑纹　‖分数：1分

老虎身上的斑纹是为了（　）

A 好看

B 保护自己

C 武装自己

55. 聪明的猿猴　‖分数：1分

在动物的分类上和人一样属于灵长类的是（　）

A 狗

B 斑马

C 猿猴

56. 眼镜蛇　‖分数：1分

眼镜蛇没有（　）

A 视觉

B 味觉

C 听觉

57. 翱翔的老鹰　‖分数：1分

老鹰能在（　）的高空中看清地面上的小动物。

A 1千米

B 2~3千米

C 4~5千米

第七章 动物难题

58. 蝌蚪变青蛙 ∥ 分数：1分

蝌蚪是用鳃呼吸，而青蛙是用（　）呼吸的。

A 口
B 鳃
C 肺

59. 蚂蚁大力士 ∥ 分数：1分

科学家们研究发现，蚂蚁能将比其自身重（　）多倍的石块搬走

A 30
B 40
C 50

60. 不说话的长颈鹿 ∥ 分数：1分

长颈鹿（　）声带

A 不一定有
B 有
C 没有

答案部分：

第七章 动物难题

1

答案：B不是。蘑菇蚁吃自己种的蘑菇。在亚马孙的热带丛林就有这样一种怪蚂蚁，它们并不直接吃树叶，而是将叶子从树上切成小片带到蚁穴里发酵，然后取食在其上长出来的蘑菇。这就是切叶蚁，又叫蘑菇蚁。

2

答案：B法老蚁。世界上最难对付和最难消灭的家庭害虫之一，法老蚁已经臭名昭著，它们不仅偷吃食物，还把食品弄脏，并传播诱发多种疾病的细菌和病毒，其中包括脊髓灰质炎和链球菌及葡萄球菌传染病。它们甚至出没医院，钻到病人的绷带下，严重危害病人健康，因此人们还将它们叫做"杀人蚁"、"城市杀手"。

3

答案：C火蚂蚁。火蚂蚁可以攻击人类、牲畜和庄稼等一切有生命的东西，而且难以防范。它们在进攻时通常采取集体行动，它们反复用身上的刺来攻击同一个目标，如果受攻击的对象是人类或其他动物，他们的身上就会产生像丘疹一样的红点或水泡，同时皮肤也会感觉到火烧般的痛，"火"蚂蚁就是因此得名。被火蚂蚁咬后除立即产生破坏性的伤害与剧痛外，毒液中的毒蛋白往往会造成被攻击者产生过敏而有休克死亡的危险。

4

答案：B不是。猿猴已经不是猴了，因为它比猴进化了很多，它已经没有尾巴了，属于高级类人猿。猿猴可以分为四类：猩猩、黑猩猩、大猩猩和长臂猿。前三类都属于大型类人猿，而长臂猿则属于小型类人猿。我国目前只有长臂猿，其他三类都生活在赤道附近的热带森林里。

5

答案：B蓝鲸。蓝鲸是目前地球上最大的动物，一头成年蓝鲸能长到曾生活在地球上的最大恐龙——长臂龙体重的2倍多，非洲公象体重的30倍左右。蓝鲸是真正的海上巨兽，平均长度约26米，最高纪录为33.5米，平均体重150吨。一头蓝鲸的舌头厚3米多，其重量比一头大象还重。最大的蓝鲸的体长有33.58米，最大的蓝鲸的重量有190吨。

6

答案：蜂鸟是雨燕目蜂鸟科的一种鸟。蜂鸟身体很小，能够通过快速拍打翅膀（每秒15次到80次，取决于鸟的大小）而悬停在空中。蜂鸟因拍打翅膀的嗡嗡声而得名。蜂鸟是唯一可以向后飞的鸟。

7

答案：A 海龟。海龟早在二亿多年前就已经在地球上出现了，是著名的"活化石"。据《世界吉尼斯纪录大全》记载，海龟的寿命最长可达152年，是动物中当之无愧的老寿星。正因为龟是海洋中的长寿动物，所以，沿海人习惯将龟视作长寿的吉祥物，也把龟视看作长寿的象征，并有"万年龟"之说。

8

答案：B 不是。蜘蛛属于节肢动物门蛛形纲，昆虫是昆虫纲的。昆虫的一般特征是体分头、胸、腹三部分，有三对足，一般有2对翅。蛛形纲的主要特征是体分头胸部和腹部两部分，四对步足，具有螯肢。

9

答案：C 蜜蜂。

10

答案：A 白鲸。白鲸是鲸的一种，是北极特有的鲸类，白鲸全身成粉白色，喜欢组成几百只甚至上千只的群体在浅海活动。白鲸会"唱歌"，在水里，它们的歌声可以传几百米。

11

答案：C 狗。第一个进入太空的动物是一只叫"莱利卡"的前苏联小狗。它成功地在太空中飞行了数十个小时，由于没有进行返回阶段的测试，所以在回到地球的时候英勇献身。

12

答案：C 热空气。鸟不动也不会掉下来的主要原因是热空气给它的帮助。太阳光照在地面上，把地面的空气烤热，由于热空气比冷空气轻，所以不断向上升，形成上升气流，这种上升气流对鸟的翅膀产生向上的力量，把它托在空中。由于这种上升气流不是随时都有的，所以只有在形成这种上升气流的时候，鸟伸开翅膀，才可以在空中不动也不会摔下来。

13

答案：B 沙浴。百灵、云雀等鸟类采用的洗澡方式是沙浴，也就是在沙堆里洗澡。沙浴的做法是：先在干燥松软的土地上挖个盆状穴，鸟在穴中用翅膀把沙土拱到身体上,同时扑打翅膀,像水浴那样,让沙遍及全身,最后抖动身体,将沙和土从羽毛中抖掉,以驱除体外寄生虫,保证羽毛的健康。

14

答案:B锁扣。鸟类的脚上有一个像锁扣一样的机关,也就是它的屈肌与筋腱很强壮,十分适合抓住树枝。即使它在树枝上全身放松蹲下睡觉,趾仍然能牢牢抓住树枝,不会摔下来。每当鸟儿睡醒以后站起来,它腿上的肌腱又会重新舒展开。

15

答案:B产房和育儿场所。动物学家在观察鸟类生活习性时发现,许多鸟儿并不在鸟巢中过夜,就连狂风暴雨的时候也不到巢中藏身。既然鸟巢不是睡觉的地方,那为什么鸟儿还要辛辛苦苦地筑巢呢?原来,鸟巢对大多数鸟类来说是繁殖后代的"产房"。在通常情况下,雌鸟在巢中产卵和孵卵。等小鸟孵出后,鸟巢又成为育儿场地。等到小鸟们长大开始独立生活后,鸟巢就会因为完成它的使命而被废弃。

16

答案:A晴雨表。我们通常认为喜鹊的叫声是报喜,而乌鸦的叫声是报丧,这种说法其实是不科学的,只是人们根据个人的喜好所做出的主观臆断。不过,喜鹊的叫声虽不可以报喜,却可以当作晴雨表,当它鸣叫婉转时,往往是晴天的预兆;如果喜鹊在树上不停地跳来跳去,叫声参差不齐,则是阴雨天快来的征兆。

17

答案:A画眉。杜鹃喜欢把鸟蛋放在莺和画眉的巢里。它能够让自己下的蛋在蛋壳的颜色和花纹上,与它所强占的鸟巢中的蛋非常相似,甚至达到以假乱真的地步,所以别的鸟就会毫不犹豫地帮它孵蛋。

18

答案:C保护膜。鸟在下蛋前5个小时左右,硬壳蛋已经在输卵管内形成。在蛋缓慢下行的过程中,输卵管里色素细胞会不停地分泌出各种颜色的色素,以不同的比例,一层一层涂在蛋壳上,"绘制"出各种不同的图案。由于蛋壳外面有一层透明的保护膜,所以蛋壳上的图纹可以经久不褪色。

19

答案:C森林医生。啄木鸟每天都在森林里为树木除掉害虫,所以大家都说啄木鸟是"森林医生"。

20

答案:A角雕。猴子很聪明,行动敏捷,可以想方设法地逃脱猛兽的追捕。在亚马逊河流域的热带森林里，栖息着猴子的天敌——世界上最大的、最有力的角雕。角雕身上长着美丽的羽毛，有一条长长的尾巴，一对短而宽的翅膀，它们一旦发现丛林中有猴子，就会突然从天而降。很多猴子都难逃角雕的鹰爪。

21

答案：C 吃虫。民间有"燕子低飞要下雨"说法，这是因为燕子要在飞行中吃虫子。当小虫飞得高时，它也跟着高飞猎食；当小虫飞得低时，它也就低飞了。碰到要下雨的时候，空气里水汽很多，把一些虫子的翅膀弄湿了，就像是飞机负荷过重，小虫飞不动了，所以只能接近地面飞，那么捕食小虫的燕子也就跟着飞低了。其次，天气即将转阴雨的时候，气压就会变低，空气里的水汽也会增多，土壤中的一些小虫子会爬出土外，所以燕子必须低飞才能捉到地面的虫子。

22

答案：B 没有。丹顶鹤的丹顶是腺体前叶分泌的促性腺激素作用产生的，它的幼鸟并没有丹顶，只有等到长成熟以后，丹顶才会慢慢出现，这是一种生理现象，并不是什么剧毒，跟剧毒"鹤顶红"并没有什么直接联系，只不过因为"鹤顶红"的颜色跟丹顶鹤的丹顶颜色相近所以得名而已。

23

答案：A 防范敌人。因为猫头鹰是夜行性鸟类，在夜间视力特别强，而白天强烈的阳光对它的眼睛则有强烈的刺激作用，它们感到很不习惯。但是，白天的飞行动物有很多，其中就有它们的天敌，它们不得不警惕天敌，所以为了防范敌人，它们的两只眼睛只好轮流休息。

24

答案：B 在快速奔跑时平衡身体。鸵鸟虽然长有翅膀，但是它并不能像其他的鸟儿一样展翅飞翔，这不是因为它们的翅膀不管用，而是它们的羽毛都太柔软，翅膀太小，根本不适合飞行。另外，鸵鸟的肌肉不发达，胸骨平平的，对飞行没有帮助。可是，鸵鸟的翅膀并不是没有用处的摆设，它虽然不能帮助飞翔，却能在快速奔跑时帮助平衡身体。

25

答案：B 不是。在我国的传统文化中，鸳鸯是忠贞不渝的爱情象征，可是，科学家经过仔细地研究发现，鸳鸯平时不一定有固定的配偶，只是在繁殖期才有引人注目的亲密接触。雌鸳鸯繁殖后期的产卵孵化工作和幼雏的抚养任务，雄鸳鸯全都不负责,这怎么能称得上是"恩爱夫妻"呢?而且,如果鸳鸯一方死去,另一方是不会守节的,更不会殉葬的,而是会很快另觅新欢。

26

答案:B不是。只有雄孔雀才会开屏的。每年的三四月份,是雄孔雀开屏最频繁的季节,它们为了求偶,便向那些雌孔雀展示自己漂亮的羽毛,以此来吸引雌孔雀的注意,或者是为讨好雌孔雀,希望雌孔雀与自己在一起多生一些孔雀蛋,其实,这都是出于动物的本能。另外,动物学家还表明,当雄孔雀受到惊吓的时候也会开屏。

27

答案:C省力和品尝美食。由于大气中的气温差异,造成了空气的移动,空气流动形成了风,在大海上,风在移动的过程中会遇到岛屿、轮船、海浪等,这时,空气就会上升,形成一股强大的气流。这种上升的气流能托住海鸥的身体,海鸥则利用这股气流,不用扇动翅膀也能跟着轮船飞翔。还有一个原因,当轮船航行时,船尾会激起阵阵浪花,把海里的鱼翻打上来,以鱼类为主食的海鸥当然不会错过不劳而获的机会啦。

28

答案:B不能。虽然鹦鹉会说一些简单的话,有的还会哼唱曲子,但是它们只是从声音上模仿人类,不能算真正意义上的说话,再加上鸟类的大脑结构很简单,根本不可能理解人类的语言,所以不能说鹦鹉会说话。

29

答案:B不能。"鸿雁传书"的典故源于汉朝。鸿雁即大雁,是一种野生的候鸟,每年秋季南迁,到冬末春初,又从南方飞回北方躲过炎夏。它们北上南下时,常由一二十只大雁组成一字形或人字形,整齐列队飞行。人们并不知道大雁从哪个地方来,到哪个地方去,自然也不可能让它传书。而之所以用"鸿雁传书"来描述书信往来,是因为鸿雁每年的南迁北往就像在外的游子一样匆匆忙忙,常会引起游子的思乡怀亲之情。

30

答案:B"Z"字形。昆虫的两侧各长3条腿,前足最短,中足其次,后足最长。当它们行走时,既不能6足同行,也不能同侧的3足同时迈进。它们只好把右前足、左中足和右后足分为一组,剩下的左前足、右中足和左后足分为一组。爬行时,一组的前足先伸出,后足使劲把身体向前推,由于前后足的长短不一,身体就被推向偏离直线的一侧，另一组的前足再抬起时，身体又被推向另一侧，就这样，昆虫左歪一下，右歪一下，呈"z"字形向前爬行着。

31

答案：A 产卵。蝗虫产卵时，对产卵场地和温度要求较高，因此，合适的产卵地比较少。所以，它们很可能都集中到一个小地方产卵。由于地方小，卵孵化时整齐统一，以至蝗虫的幼虫一出生就形成了互相靠拢、互相跟随的群居习性。其次，蝗虫生存需要较高的体温，必须互相紧紧依偎才能维持体温。还有一个原因就是蝗虫成群结队行动时，不易受到鸟类等敌人的攻击。蝗虫在飞行时，地面上的蝗虫能够感应到，并群起响应。所以，我们看到的蝗虫队伍都特别大。

32

答案：A 恐吓。蝴蝶翅膀上的这些图案不仅可以起蒙蔽敌人的作用，而且在静止不动时也可以起到恐吓作用，避免自己成为天敌的腹中食物。

33

答案：C 把火光错认成月光。科学表明，飞蛾等昆虫在夜间飞行活动时，是依靠月光来判定方向的，当它们发现灯光后，会误以为是月光，于是，它们就利用这个假月光来辨别方向。由于灯光距离飞蛾很近，飞蛾本能地让自己与光源保持着固定的角度，于是只能绕着灯光打转。由于它的两只眼睛离光源的远近各不相同，一只眼睛比另一只眼睛感受到的光线强，于是它们不停地拐向光线更强的方向。这样，它们总是绕着圈子，逐渐接近火源，最后造成飞蛾扑火的现象发生，其实飞蛾主观上根本不是想死在火焰里。

34

答案：C 荧光素。萤火虫的发光器官位于它的尾部，由特殊的细胞组成。萤火虫之所以能发光，是因为这种细胞中含有一种叫荧光素的物质，当萤火虫呼吸时，氧气和荧光素结合产生化学反应，就会发出光来。

35

答案：C 苍蝇。苍蝇总是出现在最脏的地方，可是它却从来不会生病，这是为什么？原来苍蝇在进化过程中，已经对各种细菌产生了免疫力，那些能引起人类生病的病菌，对苍蝇本身却毫无害处。科学家通过实验证明，苍蝇身上的细菌主要躲藏在它们的消化道中，这些对身体有害的细菌在苍蝇的消化道中只能存活五六天，这时，这些细菌有的已经死亡，那些没死的也会随苍蝇的粪便排出体外。除此之外，苍蝇体内还有一种抗细菌的活性蛋白，这种活性蛋白能排除和杀死各种病菌。

36

答案：B不是。蝉总是发出"知了，知了"的刺耳叫声，它自己却听不到，这是为什么？难道它是聋子吗？不是的，这是因为各种动物的听觉器官接受的声波频率范围不同，超过或低于这个范围，它们都听不见。经过科学家的长期研究发现，蝉的听觉器官在腹部第二节附近，由像丝状的肥厚物体组成，上面布满灵敏的感觉细胞。当声波传到听觉器官时，感觉细胞把该信号传到脑子里，蝉就能听到声音了。

37

答案：C产卵。蜻蜓成虫到了繁殖期就要进行交配，这时我们常常会看到一对对的蜻蜓，一前一后地拉着飞，那是它们在交配呢，交配后它们一前一后飞到水边去"点水"，这就是蜻蜓在水中产卵的动作。

38

答案：B吃掉。秋季是螳螂繁殖的季节，当两只螳螂交尾后，雌螳螂会用自己强大的前足将它"丈夫"的头钳住，然后张开口将它吃掉。雄螳螂在这一关键时刻并不反抗，

而是为了雌螳螂肚子中的下一代考虑，将自己身体的营养送到雌螳螂的口中。因为在自然环境中，螳螂妈妈平常吃的小虫子根本不够自身对蛋白质的需要，为了产出健康的下一代，至少要吃四五只雄螳螂才行。当螳螂妈妈产下卵后，自己也会精疲力竭而亡。所以，无论是雄螳螂还是雌螳螂都是为下一代牺牲了自己的生命。

39

答案：B 180。蜈蚣俗称"百脚"，其实我们平常所见的蜈蚣并没有一百只脚，它们的脚大多都在15～20对之间，但是，在西印度群岛牙买加的热带雨林里有一种蜈蚣，它们是世界上最大的蜈蚣，有180对足，最长的步足达到26厘米长，而且每只脚都有毒腺，只要发现猎物就会快速爬过去，用扁长的躯体围成一个圈，然后用带毒的足把猎物刺死后美餐一顿。

40

答案：B不是。并不是所有的蚊子都吸血，只有雌蚊子才吸血，而雄蚊子只爱吸食花蜜和草汁，很少飞到人类的住房中。

41

答案：A是。鸵鸟产于非洲，是现存体形最大而且不能飞行的鸟类。它们生活在沙漠草原地带，群

居，日行性，嗅觉听觉灵敏，善于奔跑。鸵鸟跑动时以翅膀扇动相辅助，一步可跨出8米，时速可达到70千米/小时，能跳跃高达3.5米。

42

答案：C手唇。象的体格是随着环境的变化及自身适应环境的需要演变而来的，早期的象头部短而粗，还有长而重的牙，低头时很困难，转动起来也不方便。随着时间发展，大象的身躯越来越大，它们的嘴和地面上草的距离越来越大，很难吃到地上的食物，再加上四肢长得像粗大的圆柱，很不灵活，活动起来十分不便。为了弥补自身这一缺陷，大象只好将鼻子伸长，依靠肌肉的收缩而运动，使鼻子同时具有手、唇和鼻子的三种功能。这样，大象的鼻子就慢慢地发展成了今天的这个样子。

43

答案：B盐粒。猴子平常吃的食物里含盐很少，身上出汗的汗水蒸发后，变成小盐粒，于是，它们就相互在对方身上找小盐粒吃。

44

答案：A儒艮。海里并没有什么美人鱼，随着科学的发展，人们逐渐弄明白那种通常被我们说成是"美人鱼"的东西，其实就是一种海兽——儒艮。这种海兽之所以会被人们说成是美人鱼，是因为它的生活习性和人类有接近的地方，那就是小儒艮都是吸吮妈妈的乳汁成长；儒艮的体型也的确有点像女人的地方，它演化后的前肢—胸鳍旁边长着一对较为丰满的乳房，有如拳头大小，其位置与人类非常相似。所以在它偶尔腾海而起，露出上半身在海面上时，真有点成熟女人的模样。儒艮喂奶时以其粗壮的手拥抱着孩子，头部和胸脯全部露出水面，酷似在水中游泳的人，故有"美人鱼"之美称。

45

答案：C四不像。四不像学名叫麋鹿，它的身体和尾巴像驴子，但没有驴子的大；脚蹄像牛，但没有牛的壮；头颈像骆驼，但没有骆驼的长；头上的角像鹿，但没有鹿的眉杈。所以叫做"四不像"。

46

答案：A舌蝇。斑马原产地是在非洲大陆，那里有一种可怕的昆虫——舌蝇。动物一旦被舌蝇叮咬，就可能会染上"昏睡病"，开始发烧、疼痛、神经紊乱，直至死亡。科学家研究发现，舌蝇的视觉很特别，一般只会被颜色一致的大块面积所吸引，对于有着一身黑白相间条纹的斑马，舌蝇往往是视而不见的。

47

答案：A避役。变色龙的学名

是避役，是爬行动物的一种，约25厘米长。在动物界中堪称自我保护的行家。它在世世代代的进化中，为了捕捉猎物和避免敌人的侵袭，逐渐练就了使自身颜色与周围自然环境融为一体的伪装本领。就因为它善于随环境变化改变自己身体的颜色被称之为变色龙。

48

答案：A 磨过牙没用的。一般动物的门牙长到一定时候就停止了，可是，老鼠的上下颌各有一对门牙不断生长，一个星期就可以长出几毫米，所以老鼠必须经常啃硬东西来抑制门牙的不断生长，这完全是老鼠的一种生存本能。

49

答案：B 做梦。法国生理学家波希尔·诺夫用猫做了一个很有趣的实验，证明猫是会做梦的，可是每次做梦的时间不超过5分钟。他阻断了猫大脑中一个叫做"脑桥"的部位，这样做的结果是，猫梦见了什么，就会按梦境去行动。这只猫经过手术之后，在熟睡中忽然抬起头来，四处张望，然后又起来绕着圈子走，好像在寻找食物，突然它举起前爪，双耳紧贴在脑袋上，对假想之敌猛扑过去。为了证明这些行为是在睡梦中做出的，诺夫故意在猫身旁敲击物品发出声响，甚至将老鼠放在它身边。可是，这只猫对周围发生的一切事态都无动于衷，看来真的是在做梦。

50

答案：B 不是。龟不是两栖动物而是爬行动物。它们的四肢粗壮，有坚硬的龟壳，头、尾和四肢都有鳞，头、尾和四肢都能缩进壳内。龟分布于世界大部分地区，至少在2亿年前即以同样形式存在了。现存200～250种，多为水栖或半水栖，多数分布在热带或接近热带地区，也有许多见于温带地区。

51

答案：B 嘴巴。猪特别爱用嘴像找东西似地拱土，难道是泥土中有什么食物可以吃么？实际上，这只不过是它的习惯性动作，这是怎么回事呢？原来，现在我们人类养的猪是由古代的野猪进化而来的。古代野猪生活在森林里，没有人喂养，只能自己寻找食物吃，它就经常用自己的长鼻子把土拱开，寻找土中的植物块茎和根。现在的猪虽然不用发愁吃喝，但是，它们拱土时把一些泥土吃下去，从而获得自己身体需要的磷、钙、铁等各种矿物质。所以，现在的家猪还保持着拱土的习惯。

52

答案：C 生殖。人们发现，鲤鱼跳水是周围环境的变化引起的。当有敌人突然袭击，或者前面路途中遇到障碍时，鲤鱼就会跳跃起来。有时候，鲤鱼为了迅速捕捉到食物或者受到突然的恐吓，也会跳出水面。

另外，鱼如果到了快生殖的时候，身体里会产生一些能刺激神经的东西。由于这种生理上的变化，鱼儿也特别喜欢跳跃。还有人发现鲤鱼一般喜欢在黄昏的时候跳跃，因为它们生性比较活泼，这是一种游戏。

53

答案：B 不会。金鱼是由野生的鱼类培养出来的，它的祖先是鲫鱼。在古代，有人看见长的比较好看的鱼类，就把它单独养起来，经过一代又一代的培育和选择，就有了最早的金鱼。动物和人类一样，都是需要睡觉的，金鱼也不例外。由于金鱼的眼睛外面没有眼睑，也就是我们通常所说的眼皮，所以，它就无法闭上眼睛了。不光是金鱼，所有的鱼类都是没有眼睑的。当你发现金鱼卧在水底，一动不动的时候，它或许就是睡着了。

54

答案：B 保护自己。老虎的身上都有一圈一圈的斑纹，有的是黄黑相间，有的是灰褐色和黄色相间，就是老虎的保护色。

在自然界中，动物们为了避开天敌，保护自己。在进化的过程中，就会形成不同的颜色或花纹，这样的颜色或花纹对它的生存有利，这种动物才能在自然选择中活下来，人们把这种颜色或花纹叫"保护色"。老虎身上的花纹就是它的保护色，很早之前，老虎生活在草长林密的地方，由于身上长着斑纹，它在休息或捕食的时候，就不容易被其他动物发现了。

55

答案：C 猿猴。猿猴的模仿性很强，它们不仅能跟人们学会一般的动作，还能学会做一些较为复杂的行动，这主要是因为猿猴的智能比较发达。猿猴是人类的近亲，在动物的分类上和人一样属于灵长类。猿猴长期生活在树上，行动需要较大的灵活性和肌肉的协调性，它们的大脑受到生活的影响，结构复杂而且完善。大脑越发达，就越聪明，相应的就具备了一定的识别和学习能力。人的大脑的重量占体重的2%，而猿猴的就占1.6%，所以，猿猴是接近人类的一种非常聪明的动物，能够模仿人类的行为。

56

答案：C 听觉。眼镜蛇的颈部有一对白边黑心的花纹，很像人们戴的眼镜。眼镜蛇的毒性很大，一般人和动物都不敢接近它。然而在印度等东南亚地区，舞蛇人能吹起笛子指挥眼镜蛇跳舞。其实，眼镜蛇不但听不懂音乐，而且它的耳朵早已退化了，根本就没有听觉。眼镜蛇"闻"音乐起舞是因为它的脾气很暴躁，身体感到了音波的震动，想把舞蛇人咬一口而已。

57

答案：B 2～3千米。老鹰在2～3千米的高空飞翔时，能看清楚地面上的田鼠和野兔，甚至连在地上啄食的小鸡都能发现，这些小动物一旦被它发现，很难逃脱它的利爪。原来，鹰的眼睛中有两个中央凹，一个专门看正前方，另一个专门看侧面，这样眼睛就扩大了视力范围；并且老鹰的每一个中央凹里的细胞都是人类的几倍。所以，它的眼睛比其他动物都看得远，也看得更清楚。

58

答案：C 肺。青蛙小时候叫蝌蚪，长大之后才叫青蛙。青蛙是两栖类动物，它的卵一般产在水里，经过4～5天之后，小蝌蚪就孵出来了。小蝌蚪很像鱼，还有一条长长的尾巴，在水里游来游去；紧接着就慢慢地长出后腿，然后再长出前腿，尾巴也随着逐渐变短；当它的尾巴消失的时候，就彻底变成了幼蛙，幼蛙长大以后就是青蛙了。小蝌蚪是用鳃呼吸的，青蛙是用肺呼吸的。从小蝌蚪到幼蛙大概需要两个月的时间，从幼蛙到青蛙大约需要三年的时间。

59

答案：C 50。科学家们研究发现，蚂蚁能将比其自身重50多倍的石块搬走，所以，说蚂蚁是大力士一点也不过分。蚂蚁的腿部肌肉可以说是一台高效的肌肉发动机组，这台发动机的动力来自一种结构复杂的化学物质。当蚂蚁走动时，它腿部的肌肉就会产生一种酸性物质，这种酸性物质就刺激化学物质急剧变化，肌肉收缩起来，"发动机"就开始产生巨大的力量，蚂蚁就轻而易举地把重物搬走了。

60

答案：B 有。野生动物一般都能发出声响，长颈鹿虽有长长的脖子，却没有叫声，难道长颈鹿是"哑巴"？其实，长颈鹿不仅有声带，而且它们也会叫。那么，为什么它们没有叫过？这是因为长颈鹿的声带很特殊，在它的声带中间有个浅沟，不太好发声。况且，发声一般需要靠肺部、胸腔和膈肌的共同作用，但是长颈鹿那长长的脖子使得这些器官之间的距离太远，叫起来很费事，所以，它们平时就不叫了。在长颈鹿小的时候，如果找不到妈妈了，它们还是会叫几声的。

第八章 地理难题

地理是研究地球表面的地理环境中各种自然现象和人文现象，以及它们之间相互关系的学科。地理学研究地球表面同人类相关的地理环境，以及地理环境与人类的关系。

1. **五岳之尊**　∥分数：2分

   被称为五岳之尊的是（　）
   A　黄山
   B　峨眉山
   C　泰山

2. **面积之最**　∥分数：2分

   世界上面积最大的国家是（　）
   A　美国
   B　俄罗斯
   C　中国

3. **长江三峡**　∥分数：2分

   长江三峡是（　）、巫峡、西陵峡的总称。
   A　三门峡
   B　刘家峡
   C　瞿塘峡

4. **世界最大洋**　∥分数：2分

   世界上最大的洋是（　）
   A　太平洋
   B　大西洋
   C　北冰洋

5. **湖泊之最**　∥分数：2分

   中国最大的湖泊是（　）。
   A　千岛湖
   B　松花湖
   C　青海湖

6. 少数民族最多　‖分数：2分

中国少数民族最多的省级行政区是（　）。
A　青海
B　广西
C　云南

7. 中国最北部　‖分数：2分

（　）位于中国最北部。
A　佳木斯
B　牡丹江
C　漠河

8. 多孔的岩石　‖分数：2分

岩浆岩中多孔的是（　）
A　大理岩
B　花岗岩
C　玄武岩

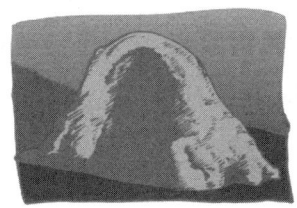

9. 地下水　‖分数：2分

泉水（　）地下水。
A　是
B　不是

10. 温泉水　‖分数：2分

温泉水的热量是（　）。
A　岩浆传导的
B　太阳晒热的
C　人们烧热的

11. 黄果树瀑布 ‖ 分数：2分

黄果树瀑布在（ ）。

A 四川

B 贵州

C 安徽

12. 黄土的故乡 ‖ 分数：2分

下列属于黄土的故乡的是（ ）

A 西藏

B 陕西

C 新疆

13. 沙漠 ‖ 分数：2分

沙漠里的沙是（ ）。

A 泥土里来的

B 岩石风化的

C 上帝造的

14. 风蚀蘑菇 ‖ 分数：2分

我国的风蚀蘑菇主要在（ ）。

A 塔克拉玛干沙漠

B 东北长白山

C 四川盆地

15. 喜马拉雅山的形成 ‖ 分数：2分

喜马拉雅山是由（ ）相撞造成的。

A 大西洋板块和印度洋板块

B 印度板块和亚欧板块
C 亚欧板块和太平洋板块

16. 日月潭　‖ 分数：2 分

日月潭中有座美丽的小岛叫（　）。

A 珠仔岛
B 雷州半岛
C 海南岛

17. 台湾岛　‖ 分数：2 分

台湾岛形似（　），是我国最大的岛屿。

A 纺锤
B 苹果
C 金鸡

18. 千岛之国　‖ 分数：2 分

有千岛之国之称的是（　）。

A 非洲
B 印度尼西亚
C 日本

19. 冰岛的气温　‖ 分数：2 分

冰岛是不是非常冷呢？（　）

A 是
B 不是

20. 内流湖　∥ 分数：2 分

位于塔里木盆地东部的（　），是一个典型的内流湖。

A　罗布泊

B　塔克拉玛干

C　柴达木

21. 地球的"肺叶"　∥ 分数：2 分

（　）被称为地球的"肺叶"。

A　森林

B　河流

C　湖泊

22. 降水最多地区　∥ 分数：2 分

（　）是我国降水最多的地区。

A　福建

B　上海

C　台湾的火烧寮

23. 煤海　∥ 分数：2 分

（　）省被称为"煤海"。

A　河南

B　陕西

C　山西

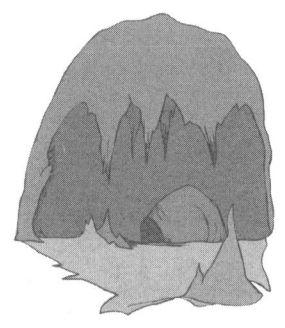

24. 黄土高原特色民居　∥ 分数：2 分

（　）是黄土高原上的特色民居。

A　窑洞

B　石窟

C　草房

25. 三大蚕区　∥分数：2分

我国的三大蚕区是四川盆地、太湖平原和（　）。

A　长江三角洲
B　珠江三角洲
C　华北平原

26. 第二大河　∥分数：2分

按流量算，我国第二大河是（　）

A　长江
B　珠江
C　闽江

27. 三大平原　∥分数：2分

我国三大平原是：东北平原、（　）和长江中下游平原。

A　华北平原
B　三江平原
C　黄淮平原

28. 每年地震次数　∥分数：2分

地震在地球上每年大约（　）次？

A　1000万
B　800万
C　500万

29. 地球的厚被　∥分数：2分

（　）被誉为地球的厚被？

A　大气圈
B　海洋
C　白云

30. 地球的血液　‖分数：2分

地球的血液是（　）。

A　水

B　石油

C　岩浆

31. 维苏威火山　‖分数：2分

维苏威火山在（　）。

A　日本

B　台湾

C　意大利

32. 亚洲最大　‖分数：2分

世界上最大的洲是（　）。

A　亚洲

B　非洲

C　欧洲

33. 亚马孙河　‖分数：2分

亚马孙河在（　）。

A　南美

B　南非

C　北欧

34. 最大的内陆盆地　‖分数：2分

世界上面积最大的内陆盆地在（　）。

A　非洲

B　中国

C　俄罗斯

35．海拔最高的洲　∥分数：2分

世界上平均海拔最高的洲是（　）。

A　亚洲

B　美洲

C　南极洲

36．海拔最高的河流　∥分数：2分

中国的（　）是世界上海拔最高的河流。

A　黄河

B　乌苏里江

C　雅鲁藏布江

37．最深的湖　∥分数：2分

世界上最深的湖是（　）。

A　密歇根湖

B　休伦湖

C　贝加尔湖

38．月球的体积　∥分数：2分

月球体积约是地球的（　）。

A　1/49

B　1/50

C　1/51

39．骑在羊背上的国家　∥分数：2分

（　）被称为"骑在羊背上的国家"。

A　加拿大

B　澳大利亚

C　中国

40．三江源自然保护区　∥分数：2分

三江源自然保护区是长江、黄河和（　）的发源地。

A 鸭绿江

B 岷江

C 澜沧江

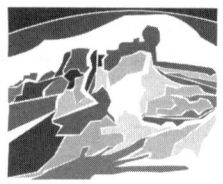

41. 天池　　‖分数：1分

天池是松花江、鸭绿江和（　）三江之源。

A 乌苏里江

B 岷江

C 图们江

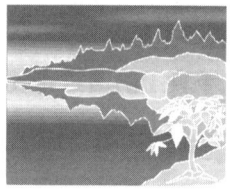

42. 泰姬陵　　‖分数：1分

世界著名建筑泰姬陵在（　）。

A 泰国

B 埃及

C 印度

43. 四川盆地　　‖分数：1分

四川盆地的土壤多为（　）色土。

A 紫

B 黄

C 黑

44. 红海和地中海　　‖分数：1分

（　）运河连接了地中海和红海。

A 巴拿马

B 苏伊士

C 莫斯科

45. 最深的海沟　　‖分数：1分

世界上最深的海沟是（　）。

A 千岛海沟

B 爪哇海沟

C 马利亚纳海沟

46. 最低的湖泊　‖ 分数：1分

世界上最低的湖泊是（　）。

A　死海

B　黑海

C　休伦湖

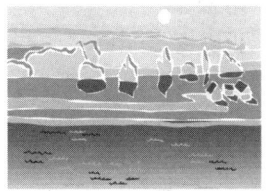

47. 非洲最大的国家　‖ 分数：1分

非洲面积最大的国家是（　）。

A　刚果

B　毛里求斯

C　苏丹

48. 三角形国旗　‖ 分数：1分

（　）的国旗为三角形。

A　埃及

B　尼泊尔

C　利比里亚

49. 最小的国家　‖ 分数：1分

世界上最小的国家是（　）。

A　瑞士

B　梵蒂冈

C　汤加

50. 第一次环球航行　‖ 分数：1分

第一次环绕地球航行的领导者是航海家（　）。

A　哥伦布

B　麦哲伦

C　达伽马

51. 地球离心力　‖ 分数：1分

地球的离心力最大的地方在（　）。

A　南极

B　赤道

C　北极

52. 地心温度　‖ 分数：1分

地球内部温度的变化是（　）。

A　越往地心温度越高

B　越往地心温度越低

C　温度都一样

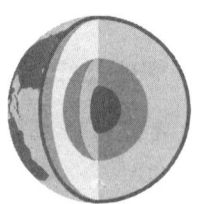

53. 感觉不到的自转　‖ 分数：1分

在地球赤道上的一个点每天自转能移动（　）千米。

A　4万

B　8万

C　10万

54. 南极北极　‖ 分数：1分

南极与北极相比哪里的冰更多？（　）

A　南极多

B　北极多

C　一样多

55. 最冷和最热　‖ 分数：1分

世界上最冷的地方在南极洲，最热的地方在（　）。

A　南非

B　肯尼亚

C　埃塞俄比亚

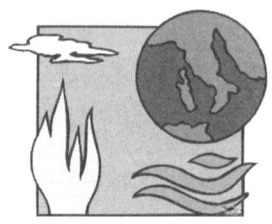

第八章 地理难题

56. 厄尔尼诺 ‖ 分数：1分

厄尔尼诺现象最初发生在（ ）。

A 南美洲沿岸

B 西太平洋

C 印度洋沿岸

57. 气候变暖 ‖ 分数：1分

引起全球气候变暖的最重要原因是（ ）。

A 大气污染

B 人口增加

C 沙漠化

58. 海与洋 ‖ 分数：1分

海和洋（ ）一回事。

A 是

B 不是

59. 五彩湖 ‖ 分数：1分

五彩湖的五种颜色分别是（ ）。

A 红、黄、白、绿、蓝

B 红、黄、白、绿、紫

C 红、黄、蓝、白、紫

60. 少女峰 ‖ 分数：1分

少女峰海拔（ ）米，绵延18千米，是阿尔卑斯山脉的一座高峰。

A 4158

B 5485

C 2581

答案部分：

第八章 地理难题

1
答案：C 泰山。五岳是我国历史上的五大名山，其中包括：东岳泰山、西岳华山、南岳衡山、北岳恒山、中岳嵩山。其中，东岳泰山是名副其实的五岳之首，中国历代曾经有72个皇帝到泰山封禅。泰山位于山东省中部的泰安市，长约200千米，主峰玉皇顶，高1524米。山峰挺拔峻秀，雄伟壮丽，有"登泰山而小天下"的气势。

2
答案：B 俄罗斯。俄罗斯是世界上面积最大的国家，总面积为17,075,200平方公里。

3
答案：C 瞿塘峡。长江三峡西起四川省奉节县的白帝城，东至湖北省宜昌市的南津关，跨奉节、巫山、巴东、秭归、宜昌五县市，全长约200千米，因其中的瞿塘峡、巫峡、西陵峡而得名。

4
答案：A 太平洋。地球上的陆地广布四方、彼此隔开，而海水则是四通八达、连成一体，这一连片不断的水体便构成了世界海洋。世界海洋是以大洋为主体，与围绕它所附属的大海共同组成。全世界共有四大洋：太平洋、大西洋、印度洋和北冰洋。主要的大海共有54个之多，如地中海、加勒比海、波罗的海、红海、南海等等。

5
答案：C 青海湖。青海湖地处青藏高原的东北部，湖的四周被巍巍高山所环抱。北面是崇宏壮丽的大通山，东面是巍峨雄伟的日月山，南面是逶迤绵延的青海南山，西面是峥嵘嵯峨的橡皮山。离西宁约200千米，海拔为3200米。它的周长360千米，面积达4583平方千米，是我国最大的湖泊。

6
答案：C 云南。大家都知道，我们中国有56个民族组成，除了汉族以外，其他的都是少数民族，这些少数民族通常分布不均，几乎各个省份都有，但是，要数云南的少数民族分布最多，总共有 26 个之多。

7

答案：C 漠河。黑龙江省漠河县的北极村位于中国的最北部，这里素有"北极村"、不夜城之称，是中国观赏北极光和极昼胜景的最佳之处。居民房屋大部分为砖瓦结构平房，另外还尚存黑龙江林区特有的"木刻楞"式的小木屋。在北极村有中国北疆第一哨、神州北极、古水井、最北第一家等。每年夏至节期间都在江边举办夏至节篝火晚会，载歌载舞、通宵达旦。

8

答案：C 玄武岩。玄武岩的颜色，常见的多为黑色、黑褐或暗绿色。因其质地致密，它的比重比一般花岗岩、石灰岩、砂岩、页岩都重。但也有的玄武岩由于气孔特别多，重量便减轻，甚至在水中可以浮起来。因此，把这种多孔体轻的玄武岩，叫做"浮石"。

9

答案：A 是。地下水有气、液、固态三种，以液态为主。当含有地下水的岩层或土壤中的地下水含量过高达到饱和时，水就从高处渗漏，饱水带中的水即为地下水。常见的井水、泉水都是地下水。地下水分布广泛，水量也较稳定，是工农业和生活用水的重要水源之一。

10

答案：A 岩浆传导的。温泉主要是由于来自地壳深处的热量造成的。地壳深处的热量通过火山爆发以及岩浆运动，沿岩层的断裂带向上运动和扩散，而降水、地表水和地下水沿着地层中的裂缝以及断裂带向下渗漏，热量就被传输给水，渗得越深，水温就越高，这样就形成了地下热水，这种地下热水流出地表，就成了温泉。

11

答案：B 贵州。我国著名的贵州黄果树大瀑布在夏季洪峰到来时宽达 80 多米，从高达 70 多米的悬崖上飞流直下，飞落犀牛潭中，发出惊心动魄的轰鸣，溅起的浪花和水雾弥漫成蒙蒙细雨，十分壮观。

12

答案：C 新疆。黄土高原是中国黄土分布最集中的地区，黄土厚度一般为 20 米至 30 米，最厚处可达 180 米到 200 米。

一般泥土是地下岩石风化而成，但黄土高原上的黄土与地下岩石并不相干，只能是从远处搬来的，那么哪里才是黄土的故乡？其实，黄土的故乡在新疆、宁夏北部、内蒙古以及中亚的大片地带，是风将那里的黄土搬运到了今天的黄土高原上去的。

13

答案：B 岩石风化的。我们所见的沙漠大都是黄色的，其实沙漠是五彩缤纷的，各种各样的颜色都有，这是因为沙漠里的沙主要是由岩石风化而来的，由于岩石里含有各种颜色的矿物质，因而造成了沙漠的各种不同颜色。澳大利亚的红色沙漠是因为沙子里含铁，铁被氧化后呈红色；新墨西哥沙漠的沙子里含有石膏质，石膏被风化后就呈现白色；卡拉库姆沙漠主要由褐色岩石风化而来；亚利桑那沙漠是因为沙子里含有多种矿物质，所以呈现多种颜色。

14

答案：A 塔克拉玛干沙漠。一般的岩石，通常都是上面小，下面大。但在沙漠中，能看到一些长得像蘑菇一样的岩石，因此这种岩石被称为风蚀蘑菇，又叫石蘑菇。这种风蚀蘑菇通常出现在吐鲁番盆地西北部的石质丘陵地区、准噶尔盆地西北部的乌尔禾、塔克拉玛干沙漠西部麻扎塔格等地。

15

答案：B 印度板块和亚欧板块。大约距今 6 亿年前，喜马拉雅山是一片古老广阔的"特提斯"海，是古地中海的一部分。到了距今约 7000 万年前的时候，由于南印度洋的海底扩张，使原来在南半球的印度板块向北逐渐漂移，最后同北方的亚欧板块发生挤压和碰撞。处在这两个坚硬陆块之间的古海受挤压而猛烈抬升，形成高大的山脉。在地质历史上，称这次强烈的造山运动为"喜马拉雅运动"。

16

答案：A 珠仔岛。日月潭是台湾岛最著名的风景区。它位于西部的南投县，是台湾省唯一的天然湖泊，卧伏在玉山和阿里山之间的山头上。日月潭四周青山环抱，美景如画。远远望去，潭中美丽的小岛——珠仔岛，像玉盘中托着的一颗珠子。珠仔岛把湖面分为南北两半：东北面的形状好像圆日，故叫日潭；西南边的如同一弯新月，故称月潭。

17

答案：A 纺锤。台湾岛是我国富饶的宝岛。台湾岛形似纺锤，是我国最大的岛屿。它是一个年轻的海岛，山地约占全岛面积的 2/3。山势巍峨，群峰挺秀，森林资源丰富，树种很多，是亚洲有名的天然植物园。其中以樟树最为著名，樟脑产量居世界首位。台湾享有热带和亚热带"水果之乡"的美名，四季鲜果不断。不愧为"祖国的宝岛"。

18

答案：B 印度尼西亚。印度尼

亚是东南亚的一个岛国，全国共有岛屿13667个，大岛加上那些星罗棋布的小岛，共同为印度尼西亚赢得了"千岛之国"的称号。

19

答案：B不是。欧洲西北部冰岛的地理位置在北纬60度以上，接近北极圈，我国东北地区在北纬45度以上，按说，纬度越高的地区应该越冷，可是冰岛却比我国东北暖和。这是因为大西洋的暖流吸收了较多的太阳能后，从赤道出发，把水温达24℃的海水送到冰岛，然后释放出大量的热，使这里的气温升高。

20

答案：A罗布泊。位于塔里木盆地东部的罗布泊，是一个典型的内流湖。在地质历史时期，由于受气候变化的影响，它曾几度死而复生。

21

答案：A森林．森林被称为地球的"肺叶"。因为，森林具有净化空气、吸烟滞尘、涵养水源、保持水土、防风固沙、调节气候、美化环境、减弱噪声等功能。

22

答案：C台湾的火烧寮。台湾岛在祖国的东南海岸上，它东边临近辽阔的太平洋，西近台湾海峡。我国降雨量最大的地区就是台湾岛东部的火烧寮，其年降雨总量高达6000毫米以上。因此火烧寮具有"雨港"之称。

23

答案：C山西。山西省的煤矿资源特别丰富，储量及产量均居于全国首位，而且分布比较普遍，品质极佳，可露天开采，因为成为工业发达但能源短缺的东部沿海地区所需煤矿的供应地，大秦铁路就是专门运销晋煤的路线。山西也因此成了享誉全国的"煤海"，由于丰富的煤矿，进而带动了山西省的钢铁、机械以及其他工业的蓬勃发展。

24

答案：A窑洞。窑洞是黄土高原的产物，陕北农民的象征。在这里，沉积了古老的黄土地深层文化，人民创造了陕北的窑洞艺术（民间艺术）。

25

答案：B珠江三角洲。

26

答案：B珠江。长江是我国的第一长河，长6360千米，也是第一大河。黄河是第二长河长5500千米，但是由于水量小。不能算第二大河。第二大河是珠江，长2400千米。水量仅次于长江。所以，按长度长江第一、黄河第二。按流量长江第一、珠江第二。

27

答案：A 华北平原。三大平原：东北平原，面积 34 万平方千米，由三部分组成，即松花江、嫩江流域的松嫩平原、辽河流域的辽河平原。华北平原，西起太行山，东到海滨，北依燕山，南至淮河附近，与长江中下游相接，跨冀、鲁、豫等省和京津两市，为我国第二大平原。长江中下游平原，跨鄂、湘、赣、皖、苏、浙六省和上海市，主要由汉江平原、洞庭湖平原、鄱阳湖平原、苏皖平原及长江三角洲等平原组成，为我国第一大平原。

28

答案：C 500 万次。谈到地震，或许我们会觉得它离我们很遥远，其实它就像刮风下雨一样平常，地球上每天都有地震发生，而且多到一天就会发生一万多次，合计起来，地球上每年要发生大约五百万次的地震。

29

答案：A 大气圈。大气圈是环绕地球最外部的气体圈层，用个形象的比喻它就像包围在地球外边的一条厚厚的被子，我们人类生活在大气圈的底部，每天感受着看不见、摸不着的大气圈所带给我们的各种各样的自然现象，获得我们赖以生存的可靠保障。

30

答案：C 岩浆。地理学上将含挥发分的高温黏稠的主要成分为硅酸盐的熔融物质称之为岩浆，它产生于上地幔和地壳深处，就像血液在人体里流动一样，岩浆也在地球之中流动，成了维系地球生命的必不可少的一部分。

31

答案：C 意大利。维苏威火山，现在海拔高 1277 米，位于意大利坎帕尼牙的西海岸（北纬 40 度 49 分，东经 14 度 26 分），世界上最大的火山观测就设在此处。

32

答案：A 亚洲。世界上共有七大洲，其中亚洲面积最大，有 4400 万平方千米，约占世界陆地总面积的 29.4%，是世界第一大洲。共有 40 个国家和地区。人口 32.29 亿，约占世界总人口的 60%，居世界第一位。

33

答案：A 南美。亚马孙河位于南美洲北部，是世界上流域面积最广，流量最大的河流。它发源于秘鲁境内安第斯山脉科迪勒拉山系的东坡，有两支河源：一支为马拉尼翁河，发源于秘鲁境内安第斯山高山区；另一支为乌卡亚利河，该河源头名叫阿普里马克河。两支河流穿过崇山峻岭后在秘鲁的瑙塔附近汇合。亚马孙河干支流蜿蜒流经南美洲的7个国家。

34

答案：B 中国。塔里木盆地是世界上面积最大的内陆盆地，它地处我国的新疆境内，位于天山、昆仑山和阿尔金山与帕米尔高原之间。总面积约53万平方千米，是世界上最大的内陆盆地。盆地四周被高山环绕，封闭得严严实实，气候极端干旱，干燥的风蚀和风积地貌发育十分典型。

35

答案：C 南极洲。南极洲的平均海拔为2350，位于七大洲之最，因此南极洲被称为高原，但是因为它的表面覆盖了厚达2000米的冰层，这就成了南极高原与世界其他高原最为显著的区别。

36

答案：C 雅鲁藏布江。雅鲁藏布江是世界海拔最高的河流，我国西藏最大河流，属印度洋水系，源于喜马拉雅山北麓，自西向东横贯西藏南部，在东经95°以东急转南流，出中国国境流入印度，称布拉马普特拉河，流经孟加拉国与恒河相汇，最后注入印度洋孟加拉湾。

37

答案：C 贝加尔湖。2500万年以前，在中西伯利亚高原南部，由于强烈的地壳断裂活动，形成了一条狭长深陷的谷盆，两侧陡峻的断壁悬崖高达一二千米，世界最深之湖——贝加尔湖就这样诞生了，它位于俄罗斯境内，与非洲的坦噶尼喀湖、马拉维湖等一样，都是典型的裂谷性湖泊。

38

答案：A 1/49。月球俗称月亮，也称太阴。月球的年龄大约也是46亿年，它与地球形影相随，关系密切。月球也有壳、幔、核等分层结构。最外层的月壳平均厚度约为60～65千米。月壳下面到1000千米深度是月幔，它占了月球的大部分体积。月幔下面是月核，月核的温度约为1000℃，很可能是熔融状态的。月球直径约3476千米，是地球的3/11。体积只有地球的1/49，质量约7350亿亿吨，相当于地球质量的1/81，月面的重力差不多相当于地球重力的1/6。

39

答案：B 澳大利亚。澳大利亚的养羊头数、羊毛总产量以及出口量一直居于世界首位。自从十八世纪末由西班牙引进美利奴羊以来，澳大利亚牧羊业迅猛发展，使得该国的羊占世界总产量的1/4以上，被誉为"骑在羊背上的国家"。

40

答案：C 澜沧江。三江源自然保护区是我国最大的自然保护区，它成立于 2000 年 8 月 19 日，地处青藏高原腹地，位于长江、黄河、澜沧江的源头区，海拔 3450～6621 米，总面积 36.3 万平方千米，覆盖青海省玉树、果洛两个藏族自治州全境，海南、黄南两个藏族自治州的泽库、河南、兴海、同德 4 个县及海西蒙古族藏族自治州格尔木市的唐古拉乡。

41

答案：C 图们江。天池是火山喷发自然形成的我国最大的火山口湖，也是松花江、鸭绿江、图们江三江之源。因为它所处的位置高，水面海拔高达 2150 米，所以被称为"天池"。

42

答案：C 印度。泰姬陵是印度知名度最高的古迹之一，在今印度距新德里 200 多千米外的北方邦的阿格拉城内，亚穆纳河右侧。是莫卧儿王朝第 5 代皇帝沙贾汗为了纪念他死去的王后阿姬曼·芭奴而建立的陵墓，被誉为"完美建筑"。它由殿堂、钟楼、尖塔、水池等构成，全部用纯白色大理石建筑，用玻璃、玛瑙镶嵌，绚丽夺目。有极高的艺术价值。是伊斯兰教建筑中的代表作。2007 年 7 月 7 日，被归入世界新七大奇迹之列。

43

答案：A 紫。紫色土是由紫色岩风化而成的土壤，由于它保留着母岩的鲜明的紫色，所以被称为紫色土。主要分布于我国亚热带地区。四川盆地是紫色土分布最为集中的地方，其次是云贵高原，湘中和赣中丘陵，在鄂、皖、浙、闽、粤、桂等省区也有零星分布。

44

答案：B 苏伊士。苏伊士运河是著名的国际通航运河，位于埃及境内，是连通欧亚非三大洲的主要国际海运航道，连接红海与地中海，使大西洋、地中海与印度洋联结了起来，大大缩短了东西方的航程，是亚洲与非洲的分界线之一。

45

答案：C 马利亚纳海沟。马里亚纳海沟位于太平洋中西部马里亚纳群岛东侧，是一条非常著名的海沟，它南北延伸 2850 千米，而宽度只有 70 千米，以近乎壁立的陡崖，深深的切入大海的底部，是迄今为止海洋中最深的海沟。

46

答案：A 死海。死海位于亚洲西部巴勒斯坦、约旦、以色列之间，地处南北走向的大裂谷地带中段。它虽以"海"著称，实际上只是个内陆咸水湖。因为它地处世界上陆地最低处，所以是世界上最低的湖泊。

47

答案：C苏丹。苏丹位于非洲东北部，红海西岸，是非洲面积最大的国家。它北邻埃及，西接利比亚、乍得、中非共和国，南毗刚果（金）、乌干达、肯尼亚，东壤埃塞俄比亚、厄立特里亚。东北濒临红海，海岸线长约720千米，总面积为250.58万平方千米，也是世界上第十大国。

48

答案：B尼泊尔。尼泊尔国旗是由两个上下相叠的三角形旗组成，红色旗面，旗边为蓝色。上旗中的月和星代表皇室，下旗中的太阳来自拉纳家族的标志。太阳和月亮也代表尼泊尔人民的美好愿望，祈盼国家像日月一样长存。两个三角形的右角象征喜马拉雅山的两个山峰。

49

答案：B梵蒂冈。梵蒂冈面积0.44平方千米，是世界上最小的国家，是欧洲一个独立的主权国家，同时也是全世界天主教的中心——以教皇为首的罗马教廷就设立于此，位于意大利首都罗马城西北角的梵蒂冈高地上。领土包括圣彼得广场、圣彼得大教堂、梵蒂冈宫和梵蒂冈博物馆等。

50

答案：B麦哲伦。麦哲伦是葡萄牙著名航海家和探险家，先后为葡萄牙和西班牙作航海探险。曾经从西班牙出发，绕过南美洲，发现了麦哲伦海峡，然后横渡太平洋。虽在菲律宾被杀，但是他的船队继续西航回到西班牙，完成了第一次环球航行。因此他被认为是第一个环球航行的航海家。

51

答案：B赤道。地球的形状跟它的成因、重力和自转有关。地球在形成过程中，外部先冷却固化，地幔以下仍处于高温熔融状态，在重力作用下，重元素下沉，轻元素上浮，从地心向各个方向扩展至地表，呈现同心圈状结构。距地心相同距离处基本上由同一种物质构成，因此重力也一致。而只有圆球形才能保证各个方向上的重力平衡。同时地球自转所产生的惯性离心力，使得地球由两极向赤道逐渐膨胀，形成了近似圆形的扁球体。

52

答案：A越往地心温度越高。地球作为一个整体是由同心圈构成的，从表面向地心依次为地壳、地幔、地核。它们的温度都不相同，越往地心，温度越高。

最外层的地壳平均厚度33千米，地壳的底部温度能达到1000℃左右。地壳往下是地幔，地幔为固体层，厚度2900千米左右。地幔再往里就是地核，它的半径约3500千米，成分主要是铁。地核可分为"外地核"和"内地核"两层。处在地表以下2900～5120千米的部分叫外地核，是液体状态。从5120千米直到地心则为内地核，是固体状态。

53

答案：A 4万。地球在永不停息地自西向东自转，在赤道上，物体随地球自转的运动速度每秒钟能达到465米，一天大约移动4万千米。而地球绕太阳公转的速度则每秒可达30千米。但是我们就生活在地球上，却难以感觉到转动。这是由于缺少参照物的缘故。乘车时能感觉到车的前进，是因为有路边的树或建筑作为参照物。而在茫茫的大海中，几乎没有参照物，所以很难感觉到船在前进和前进的速度。实际上日月星辰的东升西落就正说明了地球是在不停地自转。

54

答案：A 南极多。南极和北极都是地球上纬度位置最高的地方，但南极比北极要冷得多。南极的冰层平均厚度在1880米以上，最厚的地方超过4000米，而北极的冰层只有2～4米厚。

这是由于南极有一块很大的陆地，陆地储热的能力差，无法将夏季获得的热量有效地储存起来，在接受热能的同时又将热量辐射掉了。而北极地区主要是海水，海水能储藏较多的能量，然后再慢慢把热量释放出来，所以北极比南极气温高，因而冰层也就薄，所以南极的冰比北极的多。

55

答案：C 埃塞俄比亚。世界上最冷的地方在南极洲，那里迄今为止还没有人类居住，积雪覆盖终年不化，年平均气温在零下25℃以下，绝对最低气温在零下88.3℃，并且曾经出现过零下94.5℃的纪录。在有人居住的大陆上，最冷的要数俄罗斯的维尔霍扬斯克和奥伊米娅康，那里全年平均气温在零下15℃左右，奥伊米娅康的最低气温甚至低至零下78℃。

世界上最热的地方在非洲埃塞俄比亚的马萨瓦，马萨瓦地处红海边上，全年平均气温为30.2℃，几乎每天都是炎热的夏季。而极端最高气温出现在非洲的索马里，在阴影下测到的最高气温竟然达到63℃。

56

答案：A 南美洲沿岸。"厄尔尼诺"是西班牙文，原意"圣婴"，最早被用于称呼南美太平洋中从北向南的一支暖海流。今天的厄尔尼诺现象不仅仅局限于南美洲沿岸，它是指地处太平洋热带地区的海水大范围异常增温现象。科学家认为，这是由于太平洋赤道带内，海洋和大气相互作用失去了平衡的缘故。

这一现象造成了地球温度的升高，使影响气候的各种因素失衡，从而导致气候异常：该热的地方不热，该冷的地方不冷；该下雨的地方赤日炎炎，焦土遍地，一向少雨的地方却大雨滂沱，洪涝成灾。

57

答案：A 大气污染。引起全球气候变暖的原因很多，但是大气污染毫无疑问是造成全球气候变暖的最重要原因。由于工业化进程的加快和人类活动的加剧，大气中污染物的种类和浓度都在增加。在众多的大气污染物中，二氧化碳浓度的升高和全球气温变暖之间有很紧密的内在联系。大气中二氧化碳含量的增加不会影响太阳辐射穿过大气层，但由于二氧化碳能吸收地球表面反射回宇宙空间的红外辐射，会引起近地面大气温度的增高，这就导致了全球气温升高。

除了上述原因，近年来人口的剧增也是导致全球变暖的主要因素之一。每年仅人类自身就会排放惊人数量的二氧化碳，这也直接导致大气中二氧化碳的含量不断增加。

58

答案：B 不是。海洋是指地球上广大而连续的咸水域的总称，总面积约为3.6亿平方千米，约占地球表面积的71%。海洋分为海和洋，通常海洋的中心主体部分叫洋，边缘附属部分称海。海与洋之间彼此通连，共同形成统一的海洋整体。

海与洋之间有四个明显的区别：洋的面积大，约占海洋总面积的89%；洋的深度大，平均水深一般都在3000米以上；洋有独立的洋流和潮汐系统；洋受陆地影响小，水温、盐度等要素比较稳定，水的透明度大。

海的面积小，只占海洋总面积的11%；海的水深平均较浅，平均水深一般在2000米以下，有的甚至只有几十米深；海受大洋流系和潮汐的支配；海与陆地接边，受大陆影响大，水的透明度较差。

59

答案：A 红、黄、白、绿、蓝。五彩湖位于西藏北部，在阳光照耀下，湖水闪现出红、黄、白、绿、蓝五种色彩。原来，青藏高原本是大海的一部分，随着地壳变动，海底成了陆地。五彩湖所处的地势低洼，因而形成湖泊。当时青藏高原的气候湿热，因而形成红色土，较浅的湖水被红土映照成红色。到第四纪冰川来临时，强劲的北风吹来了黄土，它们沉积于红土之上的湖岸，因而湖水在黄土的映照下，形成黄色。以后青藏高原继续抬升，气候变干，长期干旱和湖水的强烈蒸发，在湖岸边又形成了白色的石膏层，湖水在石膏层的映照下显现白色。在湖水较深的地方，由于对阳光的散射又形成绿色和蓝色。因而湖中五彩纷呈，十分奇特。

60

答案：A 4158。在瑞士中部的一座山峰，海拔4158米，绵延18千米，是阿尔卑斯山脉的一座高峰。峰顶覆盖着晶莹的冰雪，几道冰川顺峰而下，站在山下远远望去，就像一个披着银发、婀娜多姿的少女，所以被称做"少女峰"。

少女峰上有许多迷宫般的冰洞，洞内左弯右转，时宽时窄，也是探幽寻胜的好地方。在洞中还可看到用冰雕成的人像和各种器物。

第九章 天文难题

远古时代,人们为了指示方向、确定时间和季节,而对太阳、月亮和星星进行观察,确定它们的位置、找出它们变化的规律,并据此编制历法。现在,人们则以天文学去研究探索广袤的宇宙空间。

1. 最靠近太阳的行星 ‖ 分数：2分

在太阳系中，离太阳最近的是（　）
A　金星
B　木星
C　水星

2. 温度最高的行星 ‖ 分数：2分

太阳系中哪颗行星的表面温度最高？
A　金星
B　木星
C　火星

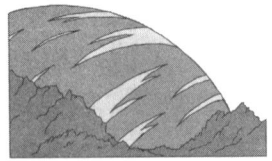

3. 最大的行星 ‖ 分数：2分

太阳系中哪颗行星最大？
A　水星
B　木星
C　火星

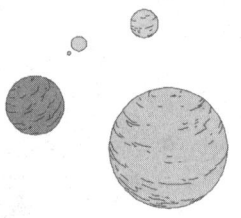

4. 没有卫星的行星 ‖ 分数：2分

太阳系中哪两颗行星没有卫星？
A　水星和土星
B　木星和金星
C　水星和金星

5. 北斗七星 ‖ 分数：2分

北斗七星是（　）的一部分。
A　大熊星座
B　仙后星座
C　小熊星座

6. 夏夜的女王 ‖ 分数：2分

（　）被誉为"夏夜的女王"。
A　仙后星
B　仙女星
C　织女星

7. 最近的恒星 ‖ 分数：2分

距离地球最近的恒星是什么？
（   ）

    A 比邻星

    B 太阳

    C 织女星

8. 天文望远镜 ‖ 分数：2分

第一架天文望远镜的发明者是
（   ）

    A 哥白尼

    B 伽利略

    C 爱因斯坦

9. 登上月球 ‖ 分数：2分

第一个登上月球的宇航员是
（   ）

    A 阿姆斯特朗

    B 加加林

    C 奥尔德林

10. 雷电 ‖ 分数：2分

雷雨天时，人们（   ）

    A 先听到雷声，后看到闪电

    B 先看到闪电，后听到雷声

    C 看到闪电和听到雷声是同时的

11. 南北极气温 ‖ 分数：2分

南极比北极年平均气温（   ）。

    A 高

    B 低

C 一样

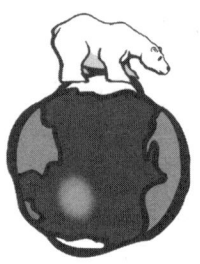

12. 彗星 ∥分数：2分

"彗星"的"彗"字意思是（　）。

A 小的

B 聪明

C 扫帚

13. 日食 ∥分数：2分

日食一定会发生在（　）。

A 农历初一

B 农历初十

C 农历十五

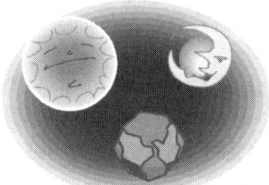

14. 月食 ∥分数：2分

月食分为（　）两种。

A 月全食和月偏食

B 月全食和月环食

C 月环食和月偏食

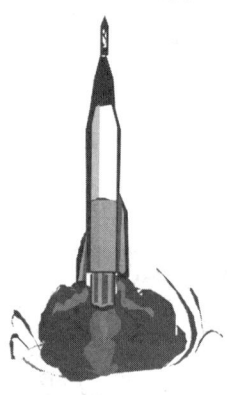

15. 月亮跟人走 ∥分数：2分

我们平时看到月亮跟人走，是因为（　）。

A 月亮本来就在跟着人们走

B 人的视觉特性造成的

C 神仙故意的

16. 阴天里的太阳 ∥分数：2分

阴天里看不到太阳是因为（　）。

A 厚厚的云彩遮住了太阳
B 太阳下山了
C 月亮挡住了太阳

17. 发光的太阳　　‖分数：2分

我们能看到的太阳光是太阳能量的（　）颜色。

A 红外线
B 紫外线
C 激光

18. 卫星上的火山　　‖分数：2分

美国的"旅行者"2号于1986年1月发现天卫一和天卫二上的火山正在喷发，喷发出来的是（　）。

A 岩浆
B 冰
C 水

19. 恒星的颜色　　‖分数：2分

恒星仅有一种颜色吗？（　）

A 是
B 不是

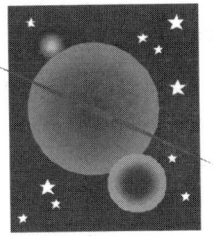

20. 人在太空　　‖分数：2分

太空中人不会有前后左右的分别，是因为（　）造成的。

A 失重
B 超重
C 迷向

21. 太空垃圾　　‖分数：2分

太空垃圾是（　）。

A 太空本来就有的
B 人类升上太空才有的
C 人类向太空发射卫星等飞行物开始有的

22. 陨石 ∥ 分数：2分

陨石和同体积的地球普通石头相比（ ）。

A 一般要重一些
B 一般要轻一些
C 一样轻重

23. UFO ∥ 分数：2分

UFO指的是什么？（ ）

A 空间站
B 不明飞行物
C 航天飞机

24. 火箭的发明 ∥ 分数：2分

（ ）最早发明了火箭。

A 中国
B 美国
C 俄罗斯

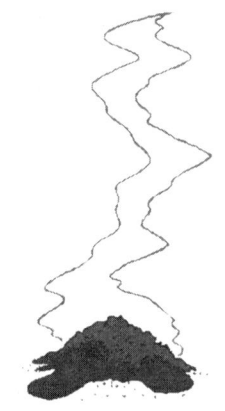

25. 测量地球质量 ∥ 分数：2分

第一个测出地球质量的人是（ ）。

A 阿基米得
B 曹冲
C 卡文迪什

26. 天文台的屋顶 ∥ 分数：2分

天文台的屋顶大多数是（ ）。

A　圆屋顶

B　尖屋顶

C　平屋顶

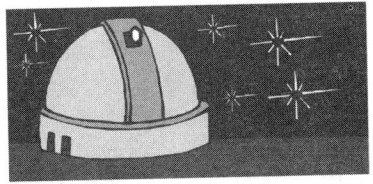

27. 气的性质　‖分数：2分

空气总是（　）。

A　从气压高的地方流向气压低的地方

B　从气压低的地方流向气压高的地方

C　不流动的

28. 雪的颜色　‖分数：2分

除了白色的雪，天空中还有可能下别的颜色的雪吗？（　）

A　可能

B　不可能

29. 穿着宇航服　‖分数：2分

宇航服专门为宇航员在（　）工作制作的。

A　地球上

B　太空上

C　任何地方

30. 载人飞船　‖分数：2分

我国第一艘载人航天飞船是（　）

A　"嫦娥"一号

B　"神州"五号

C　"神州"六号

31. 地球变化吗　‖分数：2分

地球的形状和大小会变化吗？（　）

A　会

B 不会

C 无定论

32. 人造卫星发射　‖分数：2分

人造卫星总是向（　）方向发射。

A 东

B 西

C 东西

33. 天文台　‖分数：2分

天文台设在山上是因为（　）。

A 可以缩短与星空的距离

B 防止被人打搅

C 对天文观测的影响小

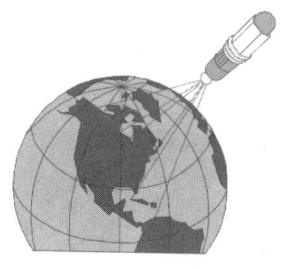

34. 彩云追月亮　‖分数：2分

月亮在云彩里钻来钻去的原因是（　）。

A 月亮在玩捉迷藏

B 月亮自己在走动

C 云彩在月亮前面飘来飘去

35. 太阳升起　‖分数：2分

太阳是从东方升起来的，这样的说法对吗？（　）

A 对

B 不对

36. 宇航之父　‖分数：2分

"宇航之父"是（　）。

A 哥白尼

B 齐奥尔科夫斯基

第九章 天文难题

C 伽莫夫

37. 发光的星星 ‖ 分数：2分

星星是（ ）发光的。

A 只在夜晚

B 只在白天

C 一天到晚都在

38. 蓝色的天空 ‖ 分数：2分

天空的蓝色和（ ）有关。

A 阳光

B 海水

C 雪山

39. 看星识方向 ‖ 分数：2分

北斗七星的斗柄春天指向（ ）。

A 东方

B 西方

C 北方

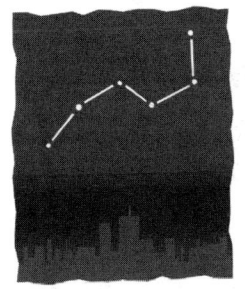

40. 地球知音 ‖ 分数：2分

"地球知音"上面刻录了（ ）乐曲，这首在中国广泛流传的歌曲带给地球人类未知的朋友中国人民的友好慰问。

A 团结就是力量

B 浏阳河

C 东方红

41. 躺着自转的行星 ‖ 分数：1分

太阳系中（ ）是躺着自转的。

A 天王星

209

B 海王星

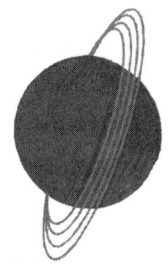

42. 月球世界　‖分数：1分

月球上有风雨雷电吗？（　）

A 有

B 没有

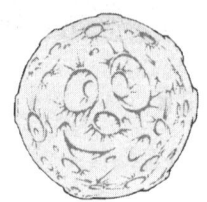

43. 太空中的宝藏　‖分数：1分

据探测发现，巨蟹座的一颗淡蓝色的恒星上面的（　）含量比地球上的铜还多。

A 黄金

B 玛瑙

C 白银

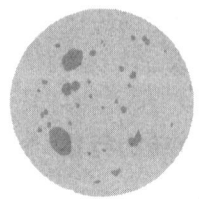

44. 月亮光的由来　‖分数：1分

月亮会自行发光吗？（　）

A 会

B 不会

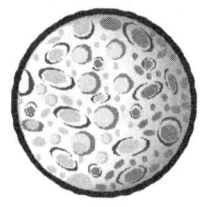

45. 海王星的秘密　‖分数：1分

海王星上有海洋吗？（　）

A 有

B 没有

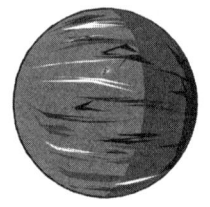

EARTH DIAMETER

46. 太阳观测站　‖分数：1分

位于（　）亚利桑那州的麦克马思望远镜是世界上最大的太阳观测设备。

A 中国

B 英国

C 美国

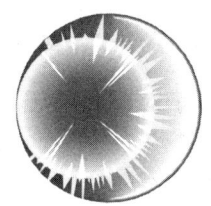

47. 给外星人的"信" ‖ 分数：1分

地球人寄给外星人的第一封"信"是（ ）

 A 一块金属标记牌
 B 一封书面形式的信
 C 一个电子邮件

48. 最大的望远镜 ‖ 分数：1分

（ ）是目前世界上最有效的宇宙观测工具，也是送入太空最大的望远镜。

 A 射电望远镜
 B 日冕仪
 C 哈勃望远镜

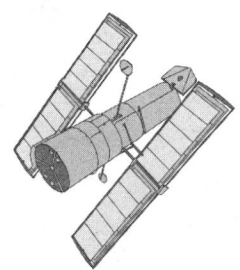

49. 月球专用车 ‖ 分数：1分

（ ）是在月球表面行驶并采集和考察样品的专用车辆。

 A 吉普车
 B 月球车
 C 机动车

50. 火星探测飞船 ‖ 分数：1分

（ ）飞船于1996年12月发射，是人类最近一次派往火星的探测飞船。

 A 火星探路者
 B 火星快车
 C 航海者

51. 宇宙的由来 ‖ 分数：1分

"大爆炸宇宙论"最早是（ ）提出的。

 A 哥白尼
 B 伽利略

C　伽莫夫

52. 光年的长度　∥分数：1分

在浩瀚的宇宙中，人们用光年来计算天体之间的距离。一光年大约是（　）万亿千米。

A　9.5
B　8.7
C　7.3

53. 宇宙中的物质　∥分数：1分

人们能看见宇宙中的恒星、星系、气体、尘埃等的全部只占宇宙总质量的（　）。

A　1%～2%
B　2%～3%
C　3%～4%

54. 太阳黑子　∥分数：1分

太阳黑子的温度比（　）的低。

A　日冕
B　月球
C　光球

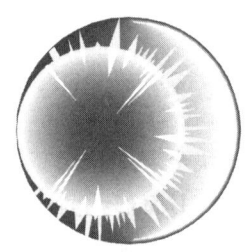

55. 月亮的由来　∥分数：1分

关于月球的起源，（　）认为地球和月球起源于同一块太阳星云。

A　同源说
B　分裂说
C　俘获说

56. 月亮的背面　∥分数：1分

科学家们能看见的只有月球（　）的表面。

A　59%
B　69%
C　79%

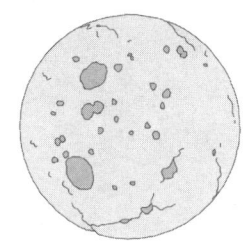

57. 谁的一天最长　‖分数：1分

太阳系八大行星之中，（　）一天的时间最长。

A　金星
B　木星
C　天王星

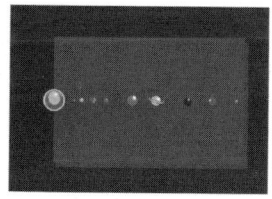

58. 哈雷彗星　‖分数：1分

（　）是世界上对彗星记录最早的国家，早在公元前240年，就已经有对哈雷彗星的记载了。

A　印度
B　埃及
C　中国

59. 恒星的颜色　‖分数：1分

恒星表面温度达到（　）就发出红色的光。

A　6000℃
B　2600℃～3600℃
C　25000℃～40000℃

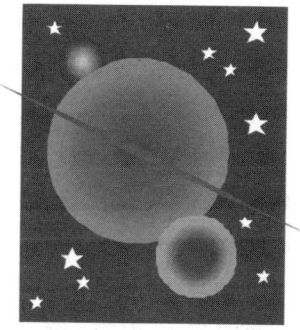

60. 最亮的星　‖分数：1分

（　）是天空中最亮的星星。

A　牛郎星
B　天狼星
C　北极星

答案部分：

第九章 天文难题

1

答案：C 水星。太阳系内迄今发现了八颗大行星。有时称它们为"八大行星"。按照距离太阳的远近，这八颗行星依次是：最近的水星、金星、地球、火星、木星、土星、天王星、海王星。水星、金星、地球和火星也被称为类地行星，木星和土星也被称为巨行星，天王星、海王星也被称为远日行星。

2

答案：A 金星。金星是全天空除太阳月亮外，最亮的星。金星的大小与地球差不多，表面温度是太阳系行星中最高的，高达400℃，而大气中飘着浓硫酸液滴，所以人类恐怕很难登陆金星。

3

答案：B 木星。木星是太阳系中最大的行星。表面是液体，大气层有个大红斑。木星有很多卫星，其中最大的四颗由伽利略最先发现，所以也叫伽利略卫星。木星常作为人类发射太阳系外飞行器的引力跳板。

4

答案：C 水星和金星。水星和金星是太阳系八大行星中没有卫星的两大行星。

5

答案：A 大熊星座。北斗七星是大熊星座的一部分，位于大熊的背部和尾巴上，像一个大勺子。

6

答案：C 织女星。织女星在中国人的心中是一个美丽的星星，它是爱情与智慧的象征，其实真正的织女星只是一颗普通的恒星，它的外表呈白色，被称为"夏夜的女王"，位于天琴座中，是夏夜天空中最著名的亮星之一。

7

答案：B 太阳。太阳是距离地球最近的恒星，是太阳系的中心天体。太阳系质量的99.87%都集中在太阳。太阳系中的地球以及其他类的行星、巨行星都围绕着太阳运行。另外围绕太阳运动的还有小行星、流星、彗星、超海王星型天体以及灰尘。

8

答案：B 伽利略。根据历史的记载，第一架天文望远镜是由意大利物理学家、天文学家伽利略发明的。

9.

答案：A 阿姆斯特朗。美国东部夏令时间1969年7月20日，美国的宇宙飞船阿波罗11号登上了月球，宇航员尼尔·阿姆斯特朗走下太空舱，率先踏上月球那荒凉而沉寂的土地，成为第一个登上月球并在月球上行走的人。

10

答案：B 先看到闪电，后听到雷声。之所以先看到闪电后听到雷声，是因为在空气中，光的传播速快，很快就能到达地面，而声音在空气中的传播速度相对较慢，过一会儿才会传到地面上来。所以就会出现先听看到闪电后听到雷声的情况。实际上闪电和雷声是同时出现的。

11

答案：B 低。大家知道，在地球的两极覆盖着大量的冰川，那里是地球上最冷的南极和北极。但是，北极比南极要相对暖和一些，因为南极巨大的冰盖是地球上第一大"冷源"，终日散发着寒气，使空气迅速冷却。由于纬度高，太阳入射角最低，斜射的阳光热量很弱。地面吸收到的太阳辐射能量本来就很少，而白色冰盖又把吸收到的少量热能的绝大部分反射回空中，这是南极天气寒冷的一个主要因素。

12

答案：C 扫帚。大家都知道，彗星是一个带着大尘埃尾巴的星星，这个尘埃尾就像个大扫帚一般，而"彗"这个字意思就是扫帚，因此，中国人称天上拖着一个大扫帚尾巴的星，为"彗星"，也就是"扫帚星"。

13

答案：A 农历初一。如果太阳、月亮和地球正好位于或接近同一直线，月亮的阴影就会延伸到地球的表面，而被月影遮挡的地带以及区域，这时就形成了日食的现象。月球会在农历的每月初一运行到太阳和地球之间，因此日食一定是发生在朔日（即农历初一）。

14

答案：A 月全食和月偏食。在农历十五、十六，月亮运行到和太阳相对的方向。这时如果地球和月亮的中心大致在同一条直线上，月亮就会进入地球的本影，而产生月全食。如果只有部分月亮进入地球的本影，就产生月偏食。

15

答案：B 人的视觉特性造成的。人之所以觉得月亮会跟着人走，是人的视觉特性造成的结果。人眼睛的视野有一定的范围，在走动的时候，近旁的东西一会儿就在视野里消失了。比较远一些的事物在视野里占的范围比较小，消失的也就相对慢一些。月球距离地球的距离是38万千米，它高挂在空中，所以这么远的距离使月亮在人们的视野里一直存在，不会消失。当人走动的时候，虽然移动了一定的距离，但是对于地球和月球之间的距离来说，这点距离完全可以忽略不计，看月亮的视角变化也完全可以忽略不计，所以看起来当然就好像是月亮跟人走。

16

答案：A厚厚的云彩遮住了太阳。太阳从始至终都一直在天空挂着，晴天时我们能很清楚地看到太阳，但是阴天的时候，天空会出现很多云彩，整个天空被乌云笼罩着，而且云层特别厚，厚厚的云把太阳遮住，阳光就传不到地面上，所以阴天的时候虽然是白天，但是地面上的人也看不到太阳。

17

答案：A红外线。太阳发光时，利用自身的重力把氢拉向中心，由氢核聚变成氦核的热核反应产生巨大的能量，以辐射的方式，由内部转移到表面，再发射到宇宙空间。实际上我们能看到的太阳光是太阳产生的能量中的红外线的颜色，其他的光波几乎都是不可见的。

18

答案：B冰。美国的"旅行者"2号于1986年1月飞临天王星的时候，发现天卫一和天卫二上有着冰"火山"。这些火山并不像地球上常见的火山喷发出来炙热的岩浆，而喷发出来的是冰。

19

答案：B不是。恒星并不只有白色，还有红色、蓝色等等。恒星的不同颜色是由它本身的质地和温度所决定的。恒星发光是因为恒星内部在发生着激烈的氢氦反应。因为各个恒星的密度、质量和所含的元素都不尽相同，所以在他们进行化学反应的时候就会发出不一样的颜色。

20

答案：A失重。人在太空睡觉是一件很简单的事情，在太空中因为失重的原因，一切东西都是处于漂浮的状态，人也不例外，因此就没有了前后左右之分。不管是哪种睡觉姿势，感觉都是一样。

21

答案：C人类向太空发射卫星等飞行物开始有的。人类向天空发射了很多人造卫星、航天飞机、宇宙飞船等飞行物,这些飞行物有的在没有达到目的地就因为故障而自毁成碎片,有的因完成了使命而自然报废,可是这些飞行物并不会消失,它们在不同的位置绕地球旋转就成为天空垃圾。太空垃圾中可以说是无奇不有,小的东西有螺丝帽、螺栓,以及宇航员抛入太空的各种废弃物;大的有报废的卫星、用过的火箭推进器、卫星太阳能反光板等;更多的则是火箭爆炸、卫星相撞炸成的碎片。

22

答案:A 一般要重一些。和同体积的地球上普通石头相比,陨石都很重,而且都含有一定量的铁。

23

答案:B 不明飞行物。UFO是英文"Unidentified Flying Object"的缩写,就是不明飞行物的意思。这种不明飞行物外形多数像盘子,所以又称为"飞碟",古今中外关于UFO的记载很多。

24

答案:A 中国。中国是世界公认的最早发明火箭的国家。火箭最早起源于我国宋朝民间的一种叫做"起火"的玩具。这种"起火"是将火药绑在竹竿上,点燃以后,竹竿借火药喷火的反冲力,直冲到天空中去。

25

答案:C 卡文迪什。地球对我们生活在它上面的人类来说,是个很大的星球。如何求得地球的质量,在牛顿发现万有引力之前,是一个大难题。然而到了1798年,这个难题被英国物理学家卡文迪什解决了。卡文迪什用扭秤试验巧妙地计算出了万有引力常数 $G=6.670\times 10^{-11}$ 牛顿·米^2/千克^2。他将这个常数代入万有引力公式,就得出了地球的质量。他算出的地球质量 M 为 5.976×10^{27} 克。

26

答案:A 圆屋顶。天文台的屋顶造成圆球形,并且在圆顶和墙壁的接合部装置了由计算机控制的机械旋转系统,使观测研究十分方便。这样,用天文望远镜进行观测时,只要转动圆形屋顶,把天窗转到要观测的方向,望远镜也随之转到同一方向,再上下调整天文望远镜的镜头,就可以使望远镜指向天空中的任何目标了。在不用时,只要把圆顶上的天窗关起来,就可以保护天文望远镜不受风雨的侵袭。当然,并不是所有的天文台的观测室都要做成圆形屋顶,有些天文观测只是对准某一方向进行,观测室就可以造成长方形或方形的,在屋顶中央开一条长条形天窗,天文望远镜就可以进行工作了。

27

答案：A 从气压高的地方流向气压低的地方。风的形成和太阳照射是分不开的。地球的热量都是来自于太阳，太阳光照射到地球上，由于地球上各地的地形不一样，有的是浩瀚水面，有的是崇山峻岭，有的是广阔平地，因此所受到的热量不均匀，而且不同地形的散热快慢也有差别。这样就造成了有的地方热，有的地方冷。热的地方，空气的密度就小，气压也就低；冷的地方，空气密度大，气压相对就高。空气总是容易从气压高、密度大的地方，流向气压低、密度小的地方，这样就形成风。

28

答案：A 可能。我们平时看到的雪都是白色的，其实也有其他颜色的雪，我国西藏察隅、德国的海德堡以及南极曾下过红色的雪，内蒙古还曾经下过黄色的雪，绿色的雪和乌黑的雪也曾经在一些地方下过。其实纯净的雪是白色的，而有些雪之所以有颜色，是因为在雪花形成过程中掺进了某种杂质。例如含叶绿素的藻类呈绿色、含红色素的藻类呈红色、含脂肪多的藻类呈黄色，这些藻类被风吹到空中，渗进雪中，就会使雪花呈现出不同的颜色。

29

答案：B 太空上。穿上宇航服当然还能工作，而且还可以做一些非常精细的工作。通常的宇航服重量为113千克，穿上这么厚重的宇航服在地面上行走肯定十分困难，但是在太空中却行走自如，因为在太空中人和物都会处于失重的状态。宇航服是专门为宇航员制作的，整个宇航服密不透风，不仅能够抵抗150～180℃的高温，而且还可以抵御太空中一些不明的微小流星体，同时也能阻止宇宙射线的袭击。所以说，穿上宇航服不仅能够工作，而且对宇航员的安全起到可靠的保证作用。

30

答案：B "神州"五号。2003年10月15日9时，中国成功发射第一艘载人飞船"神舟"五号，经过了21个小时23分钟的太空行程，飞船成功返回地面，标志着我国已成为世界上继俄罗斯和美国之后第三个能够独立开展载人航天活动的国家。

31

答案：A 会。地球本身是一个没有生命的东西，理论上讲，没有生命的东西是不会发生大小变化的。可是对地球来说，并不是这样的，沧海桑田就是很好的例子。所以说地球虽然没有生命，但是它却一刻也没有停止过变化。对于地球是在变大,还是在变小的问题,目前说法还是不一致的。

32

答案:A 东。地球是由西向东旋转的,将人造卫星向东发射,就可以利用地球的惯性,好像"顺水推舟"一样,节省推力,从而节省燃料。

33

答案:C 对天文观测的影响小。天文台是进行天文观测和研究的机构,主要工作是用天文望远镜观测星星。地球被一层大气包围着,天上星星所发出的光,必须穿过大气层才能到达天文望远镜内,而大气中的烟雾、尘埃、气体分子等,都会对天文观测产生影响。尤其在大城市附近,城市中的灯光,会照亮空气中的微粒,使天空带有亮光,妨碍天文学家观测较暗的星星,因而使得观测更加困难。在远离城市的地方,尘埃和烟雾较少,对观测的影响将减少,可是影响依然还是不能避免的。但是,越高的地方,空气越稀薄,尘埃和水蒸气越少,影响就越小。除此之外,高山的建筑物少,视线角度大,气温比地面低,使空气下沉从而减少了空气的密度差,观看星空时产生的光的折射就少,精确率也相应增加。而且精密的仪器在气温低的情况下更好保养,观测也更为准确。所以,世界各国的天文台大多设在山上。

34

答案:C 云彩在月亮前面飘来飘去。月亮一直挂在空中,是不会在云里钻来钻去的。天空中有许多云层,有的是一团团的,有的是一片片的。这些云都是由水蒸气组成的,质量很轻,风轻轻地就可以把它吹动,这样云彩就会在天上飘动起来。在月亮旁边的云彩,飘动时把月亮遮住,在地面上的人看来就好像月亮钻进了云层。当云彩飘离月亮时,使月亮露出来了,在人们看来就好像月亮从云层中钻出来。所以,不是月亮在云里钻来钻去,而是云彩在天空中飘来飘去。

35

答案:B 不对。说太阳是从东方升起来的,就像说树向你走来一样,是错误的。很明显,走动的是你,而不是树。同样,对于地球和太阳来说,走动的是地球,而不是太阳,因此正确的说法是:地球向东转去,迎向太阳。

36

答案:B 齐奥尔科夫斯基。1903年俄国科学家齐奥尔科夫斯基发表了著名的论文《利用喷气装置探索宇宙空间》。他认为无论是气球还是飞机的飞行，都离不开空气的浮力或升力。而要飞到没有空气的星际空间，只有靠火箭，靠火箭自身携带的燃料燃烧中产生的气体喷发所产生的对火箭的反作用力而飞行。他通过计算提出，必须多级火箭，人们才能飞出地球。同时他提出使用煤油和液氧作为液体燃料，这样燃料就可以随时调节以此来控制火箭，让火箭听话。齐奥尔科夫斯基的论断引证了他的一句名言："地球是人类的摇篮，但人类总不会永远躺在摇篮中。"他的理论结束了人类飞天梦想的时代，开创了一个真正意义上的航天时代。因此他被尊为"宇航之父"。

37

答案：C 一天到晚都在。星星实际上是天体。其实，这些天体中我们看得见的，除了少数几颗是行星外，绝大多数都是恒星。它们一年到头、一天到晚都亮着。之所以白天看不到星星是因为白天太阳中的一部分光线被地球大气所散射，把天空照得十分明亮，我们就看不出星星来了。如果没有大气，天空是黑洞洞的，即使阳光十分强烈，我们在白天也能见到星星。

38

答案：A 阳光。地球表面被大气包围，而大气本身是没有颜色的。

天空的蓝色是阳光和大气分子以及包含冰晶、水滴、尘埃等的微粒共同作用的结果。当太阳光进入大气后，空气分子和微粒会将太阳光向四周散射。太阳光是由红、橙、黄、绿、蓝、靛、紫七种光组成，其中以红光波长最长，紫光波长最短。波长比较长的红光等色光透射性最大，能够直接透过大气中的微粒射向地面。而波长较短的蓝、靛、紫等色光，很容易被大气中的微粒散射。在短波波段中蓝光能量最大，散射出来的光波也最多，因此我们看到的天空呈现出蔚蓝色。

39

答案：A 东方。在野外迷失方向的人都知道，白天可以利用太阳来辨别方向，晚上则可以利用星星来帮助估算位置。人们比较熟悉的是北斗七星，它是位于北面天空的大熊星座中七颗比较明亮的星星。这七颗星星在天空中排列成一个长柄勺子状，指示着北方的方向。北斗七星的斗柄春天指向东方，夏天指向南方，秋天指向北方，冬天指向北方。只要人们找到了北斗七星就基本上能够确定方向了。

40

答案：C 东方红。1977年发射了"航海者1号"和"航海者2号"行星探测器，上面各自携带了一张

"地球知音"唱片，它们是人类的使者。到现在为止，它们已经在太空中飞行了20多年了，正在向更加遥远的宇宙深处飞去。"地球知音"使用特殊材料制作而成的镀金光盘，这张光盘能在恶劣的宇宙环境下保存上万年的时间，它记录了地球上各种有代表性的信息，包括116幅照片、35种地球自然界的声音、27首世界名曲、近60种人类语言的问候语，还有一段联合国秘书长的录音，上面还刻录了《东方红》乐曲，这首在中国广泛流传的歌曲带给地球人类未知的朋友中国人民的友好慰问。

41

答案：A 天王星。一般来说，行星都是立着或与公转轨道成一定夹角围绕太阳公转，可是天王星却非常特别，它的自转轴和公转轨道平面几乎平行，就像是躺在轨道上一样。

42

答案：B 没有。月球的表面和地球的地貌差不多，也有湾、湖、谷、溪、断岩等，但是月球上没有空气，没有水，更没有生命。由于没有空气，也就没有风；没有大量的水汽，也就没有形成雨的条件，也就没有云和雷电了。与地球的气象万千相比，月球只是一个无声无息、死气沉沉的世界。

43

答案：A 黄金。太空中有着可供人类取之不尽的宝贵资源。离我们最近月球上就有很丰富的矿藏资源，光月球表面5厘米厚的沙土中就含有400亿吨铁，其他高熔点、高强度的锆、钛等稀有金属更是丰富，硅也更具开采价值。因此美国等一些国家正致力于研究开发月球冶金工业的建设问题，预计到2025年，月球上就会出现第一批冶金工业。水星上铁的含量为20000亿吨，按照地球目前的开采速度，大概能够开采2500亿年。火星上也有大量的铁存在。据探测发现，巨蟹座的一颗淡蓝色的恒星上面的黄金含量比地球上的铜还多，只是这颗恒星离地球有175光年之遥。

44

答案：B 不会。月球俗称月亮，是地球唯一的天然卫星。月亮自身并不会发光，我们所看到的月亮光，是月球表面发射的太阳光。

45

答案：B 没有。海王星的大小和质量同天王星很相近，从天文望远镜中看去，就像一个蔚蓝色的大圆球，表面似乎被茫茫的大海覆盖着，所以西方人用罗马神话中海神的名字来命名它。其实海王星上面根本就没有海洋，甚至连一滴水也没有。但是海王星上有着无比强烈的旋风，风速达到每小时2000千米，比普通的超音速飞机的速度还高。海王星上的大气层中能看见深蓝色的大圆斑，就是刮着的猛烈旋风的中心。

46

答案：C美国。光学望远镜是天文学家们用来观测太阳光球表面的；射电望远镜是用来观察太阳日冕内部的气体运动情况的；因为太阳的紫外线和x射线会被地球的大气吸收，人们发射的火箭和人造卫星就到大气层外观测它们的情况。日冕仪是专门用来观察太阳大气情况的光学望远镜，它设有遮掩面，可以造成人为的日食，便于观测。位于美国亚利桑那州的麦克马思望远镜是世界上最大的太阳观测站，它有长达150米的地下管道。

47

答案：A 一块金属标记牌。1972年发射的"先驱者10号"和"先驱者11号"星际宇宙飞船在完成了对木星和土星的观察任务以后，离开太阳系，朝着银河系的深处飞去，给外星文明送去了一封"信"。这封信是一块金属标记牌，长23厘米，宽15厘米。标记牌上刻着人和宇宙飞船的图像，以及宇宙飞船从地球上出发的路线示意图，还有物理学家和天文学家的符号。如果外星人收到了这封信，就会知道人类的模样和来到地球的路线。

48

答案：C哈勃望远镜。哈勃望远镜是目前世界上最有效的宇宙观测工具，也是送入太空最大的望远镜。哈勃望远镜有两块反光镜，最大的反光镜有2.4米宽，30厘米厚，它的视力是超级的，我们通过它可以看见距离地球130亿光年的天体。

49

答案：B月球车。月球车是在月球表面行驶并采集和考察样品的专用车辆，在登月的过程中，它是被折叠放置在登月舱中带上月球的。它分为无人驾驶和有人驾驶两种。无人驾驶的月球车由轮式基盘和仪器舱组成，用太阳能电池和蓄电池联合供电，它根据地球上的遥控指令，在高低不平的月球表面行驶。"月球车1号"是靠无线电遥控的无人驾驶月球车，有8个轮子，在月球上活动了11个月，行走了310千米，采集分析了500多个月球土壤标本，为人类了解月球做出了巨大的贡献。

50

答案：A火星探路者。"火星探路者"飞船于1996年12月发射，是人类最近一次派往火星的探测飞船。由于技术比较先进，仅用了7个月就到达目的地，1997年7月，"火星探路者"在火星的"战神谷"冲积平原上着陆。"火星探路者"是一辆探测车，有6个轮子，可以在布满岩石的火星表面上行走，还装备了先进的通讯和探测设备。人类发射"火星探路者"的主要目的是利用它分析火星的大气、岩石和土壤的成分，为将来人类登陆火星作准备。

51

答案：C 伽莫夫。关于宇宙的起源，大多数科学家都认同"大爆炸宇宙论"。"大爆炸宇宙论"认为，宇宙诞生于大约150亿年前的一次大爆炸。这个理论最早是俄国物理学家伽莫夫在1950年前后提出的，他认为：宇宙起始于一个"原始火球"。在原始火球里，那时物质处于一种极不稳定的状态，温度和密度都高得无法想象，最终使原始火球发生了爆炸。这次爆炸涉及宇宙的全部物质及时间、空间。爆炸导致宇宙空间处处膨胀，宇宙开始向四面八方后退，慢慢形成了各种天体，温度也相应下降。当温度降到10亿摄氏度左右时，宇宙间的原始微粒开始失去自由存在的条件，它要么发生衰变，要么与其他微粒结合。组成人类世界的化学元素就是从这一时期开始形成的。这个大爆炸的过程大约经历了30万年。"大爆炸宇宙论"是帮助人们认识宇宙学的最重要理论之一。

52

答案：A 9.5。光年并不是时间单位，而是长度单位，它指的是光在一年的时间里所走过的距离。光的速度是最快的，每秒钟可以走30万千米，相当于绕地球7圈半，光在一年中走过的距离约为9.5万亿千米。离地球最近的恒星是比邻星，它与地球的距离是40万亿千米，用光年计算就是4.22光年。

53

答案：A 1‰～2‰。宇宙中的绝大部分物质是不能被肉眼看见的。由于这些用肉眼看不见的"暗物质"存在着引力，而这种引力对恒星、星系等可见物质的影响是能够测知的。天文学家就根据研究暗物质的引力作用来推断它们的存在以及它们占宇宙总质量的比例。暗物质包括行星、行星群、褐矮星、黑洞、中微子等，不过这些都是探索中的事物，还没有最后的定论。

54

答案：C 光球。太阳黑子为什么比较黑呢？其实，这是因为它们的温度相对于太阳光球比较低。通常光球的温度是6000℃，而太阳黑子的温度在3845℃～5315℃之间，两者相比之下，太阳黑子就比较黑了。

但是如果把太阳黑子单独拿出来，它比月亮还要亮呢！

太阳黑子的温度为什么比光球的温度低呢？有人认为是太阳黑子区的强磁场阻止了太阳深处的热量传到太阳黑子的表面，使它的温度降低了。也有人认为，是太阳黑子通过非辐射的方式将太阳黑子区的能量传输出去，使得本身的温度降低了。

55

答案：A 同源说。目前，关于月球起源主要有三种假说。第一种假说是"同源说"，认为月球和地球都是大约46亿年以前，由同一块太阳星云形成的。由于凝聚作用，中心部分形成原始地球，它周围的气体团块状物质形成月球，在引力和离心力的作用下，形成了各自的运行轨道。第二种假说叫"分裂说"，认为月球和地球曾是同一个星球，当熔融状的地球自转很快时，月球被抛了出去，独立成为地球的卫星。第三种假说是"俘获说"。月球是在遥远宇宙形成的天体，后来因为飞到地球附近而被地球引力俘获。科学家多数认同第一种假说，但三种假说都各有漏洞。月球真正的起源问题，还需要人们继续探索。

56

答案：A 59%。月亮的形状随着时间的变化而常常改变，然而由于它在绕地球公转的过程中，稍微有些前倾后仰、左摇右摆，使得科学家们能看见的只有它59%的表面。

由于月球绕地球公转一周约要27.3天的时间，而它自转一周也是27.3天的时间，所以它就永远是同一面朝向地球。而且月球对地球的潮汐作用也是造成这一现象的原因之一。人们知道，地球上的潮汐主要是由于月球的引力引起的。月球对地球的潮汐作用，造成大气、海水、地壳内部物质之间的摩擦，使地球的自转能量受到了损失，从而减慢了地球的自转速度。

57

答案：A 金星。由于质量和体积的不同，太阳系八大行星自转的时间并不相同，也就是各行星上一天的时间不同。水星自转一周是地球上的59天，金星自转一周是地球上的243天，火星自转一周是地球上的24小时37分，木星自转一周是地球上的9小时50分，土星自转一周是地球上的10小时14分，天王星自转一周是地球上的10小时48分，海王星自转一周是地球上的16小时7分。

58

答案：C 中国。中国是世界上对彗星记录最早的国家，早在公元前

240年，中国就已经有对哈雷彗星的记载了，以后每一次哈雷彗星的出现都有详细的记载。

在公元1682年，英国的天文学家哈雷对当时出现的一颗明亮显眼的彗星进行观测计算以后，声明这个彗星的运行周期是76年，并且预言，这颗彗星下次将会于1758年底或1759年初再度出现。1742年哈雷就去世了，但是他的预言在公元1759年得到了证实。人们为了纪念哈雷的重大贡献，就把这个彗星取名为哈雷彗星。哈雷彗星最近的一次现身是在1986年。

59

答案：B 2600℃～3600℃。恒星的颜色是由它本身的质地和温度所决定的。恒星发光是因为恒星内部在发生着激烈的氢氦反应。发白色光的星星表面温度很高，可达12000℃以上；发红色光的星星表面温度达2600℃～3600℃；发蓝色光的星星表面温度达25000℃～40000℃。而太阳表面温度是6000℃，看上去就是黄颜色的。

但是人们用肉眼并看不到星星五颜六色的光，这是因为人们距离星星非常遥远，加上地球大气的折射作用，所以人们看到恒星的颜色都是白色的。

60

答案：B 天狼星。在北半球冬春季上半夜，偏南方向的天空中，从猎户座三星向东南延伸，可以很容易找到一颗全天最亮的恒星——大犬座α，中国古代称之为天狼星。天狼星的质量、体积大约是太阳的2倍，温度比太阳高得多，亮度是太阳亮度的20多倍。其实宇宙中还有许多星比天狼星要亮得多，因为天狼星距离地球较近，仅有8.7光年，所以在地球上看，天狼星就是最亮的星星。